Nicola Krämer / Jutta Grimm

Shiitake und Austernpilze

Nicola Krämer / Jutta Grimm

Shiitake und Austernpilze

Anbau im eigenen Garten
Vegetarische Rezepte

Inhalt

Vorwort

Pilze, die kleinen lustigen Gesellen mit Hut, üben einen ganz eigenen Zauber auf uns aus. Vor allem im Herbst, wenn wir mit Korb, Taschenmesser und Bestimmungsbuch durchs Unterholz streifen, kommt der Jäger und Sammler wieder in uns auf. Zu den Pilzen aus der Gemüseabteilung unseres Bioladens ist die Beziehung schon weitaus profaner. Aber lecker sind sie natürlich ebenfalls! Auch wenn die Auswahl hier meist auf Champignons oder auch mal Steinpilze und Pfifferlinge (teuer!!) beschränkt ist. Doch neuerdings werden auch bei uns immer öfter zwei Pilzarten angeboten, die insbesondere bei Feinschmeckern schnell viele Anhänger gefunden haben: Shiitake und Austernpilze.

Im Unterschied zu Wildpilzen wie Pfifferlingen und Steinpilzen haben diese beiden Pilzarten den Vorteil, dass man sie wie Champignons relativ einfach kultivieren kann. Das ist einer der Gründe, warum insbesondere Shiitake heute nicht mehr nur getrocknet in asiatischen oder makrobiotischen Lebensmittelfachgeschäften zu finden sind, sondern immer häufiger auch frisch angeboten werden.

Ein anderer Grund ist, dass Pilzen und hier besonders dem Shiitakepilz in der alternativen Medizin eine ausnehmend positive Wirkung auf die Gesundheit zugeschrieben wird. Vor allem wird ihm eine stark vorbeugende Wirkung gegen Viren und auch Krebszellen nachgesagt. Gesundheit, die man essen kann!

Dieses Buch will die beiden hier relativ neuen Pilzarten Shiitake- und Austernpilz ein wenig bekannter machen. Vollwertige und vegetarische Rezepte von Brotaufstrichen, Suppen, Salaten, Hauptgerichten und Leckereien aus dem Backofen sollen Ihnen einen Eindruck vermitteln, wie vielseitig Sie diese Pilze in der Küche einsetzen können. Auch die grundsätzliche Handhabung und das Haltbarmachen von Überschüssen wird behandelt.

Darüber hinaus zeigen wir Ihnen, wie einfach und ertragreich es sein kann, diese Pilze im Garten selbst anzubauen. Der Anbau ist für Hobbygärtner interessant, macht Spaß und bietet Erfolgserlebnisse: Es ist fast unglaublich, wie rasant Pilze bei richtigem Wetter wachsen können: Ist der Sommer mal wieder verregnet und der Gemüsegarten deshalb etwas kümmerlich, so wachsen wenigstens die Pilze!

Ein weiterer Vorteil: Während Salat, Zucchini und Co. viel Sonne brauchen, kann man für den Pilzanbau gut die schattigen Bereiche im Garten nutzen. Freunden der Permakultur ist dies sicherlich bekannt.

Eine eigene Pilzzucht ist eine gute Alternative zu dem Pilzangebot aus Wildsammlungen, zumal das Sammeln von Wildpilzen in den letzten Jahren aus ökologischen Gründen (radioaktive Belastung, Zerstörung der natürlichen Bestände) nicht unumstritten ist. Und frische Shiitake und auch selbst gezogene Austernpilze, aus dem eigenen Garten frisch geerntet, sind einfach ein Genuss!

Über die Pilze

Ein Pilz besteht aus zwei Teilen: dem Fruchtkörper, den wir sehen und in vielen Fällen ja auch essen können, und einem verborgenen Geflecht, dem so genannten *Pilzmycel,* das durch so genannte *Hyphen* (einzelne Fäden) gebildet wird. Dieses Mycel wächst im Boden oder auch in (Tot-)Holz und dient der Ausbreitung, das heißt der vegetativen Vermehrung des Pilzes.

Eine generative Vermehrung, das heißt durch durch Sporen ähnlich wie den Samen wie bei Pflanzen, findet durch die Fruchtkörper statt. Hier entstehen Millionen von Sporen, die bei Reife durch den Wind ausgebreitet werden. Wenn man bei Pilzen ein »Ausstauben« der Hüte beobachtet, so sind dies die sich ausbreitenden Sporen.

Die Vermehrung der Pilze ist also vergleichbar mit der der Pflanzen, die durch Samen oder Stecklinge stattfindet. Dennoch sind Pilze keine Pflanzen. Sie bilden neben Pflanzen und Tieren ein eigenes Reich. Ihre Zellwände bestehen im Wesentlichen aus Chitin und sie besitzen kein Chlorophyll (Blattgrün). Deshalb sind sie auf Nährstoffe angewiesen, die durch andere Lebewesen synthetisiert wurden. Pilze wachsen aus diesem Grund auf Holz oder anderem faserreichen Material und zersetzen es. Dabei scheiden sie Enzyme aus, die das Holz auflösen.

Diese Eigenschaft verleiht ihnen in der Natur eine besondere Bedeutung: Pilze, auch die so genannten *Weißfäulepilze*, zu denen auch Shiitake und Austernpilz gehören, sorgen durch den Abbau von Lignin und Cellulose dafür, dass sich im Wald keine Berge von Holzstämmen, Ästen und Stubben ansammeln. Sie zersetzen das Holz und sorgen dafür, dass wieder Humus für neues Pflanzenwachstum gebildet wird. Als so genannte Erstzersetzer haben sie damit eine ganz wichtige Funktion im Ökosystem.

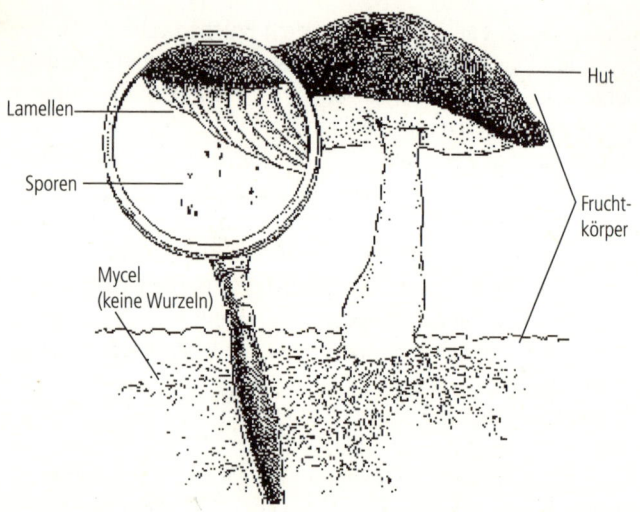

Eine andere wichtige Funktion von Pilzen ist die Symbiose mit Bäumen. So genannte *Mykorrhizapilze* leben in einer Partnerschaft mit Bäumen, von der beide profitieren. Das Mycel des Pilzes wächst an den Wurzeln des Baumes und vergrößert so dessen Wurzelvolumen. So wird die Nährstoff- und Wasseraufnahme des Baumes verbessert. Der Pilz bekommt dafür verschiedene organische Substanzen, die wiederum sein Wachstum verbessern. Zu den Mykorrhizapilzen gehören zum Beispiel Steinpilz, Trüffel und Pfifferling. Beim Trüffelanbau wird an einer Nachahmung dieses symbiotischen Systems geforscht, bisher jedoch nur mit geringem Erfolg.

Auch Pilze im Wald können aussterben. Werden durch eifrige Pilzsammler alle Fruchtkörper samt Pilzgeflecht wahllos ausgerissen, können die natürlichen Vorkommen stark geschädigt werden.

Der Shiitake

Die Heimat des Shiitake ist Ostasien. Der Pilz wird schon seit über 1000 Jahren in China auf dem Shii-Baum kultiviert (Pasania). Der Name kommt aus dem Japanischen *(Take* ist die japanische Bezeichnung für Pilz. Wörtlich übersetzt könnte man *Shiibaumpilz* sagen), denn im 16. Jahrhundert haben chinesische Bauern den Anbau nach Japan eingeführt. Ursprünglich wurden Holzstämme mit Sporenlösung bestrichen. Die Kultivierung durch die Verwendung von Mycel wird erst seit etwa 100 Jahren betrieben.

Die Hüte des Shiitake können recht unterschiedlich groß sein, je nach Sorte, Nährstoff- und Wasserversorgung haben die Fruchtkörper einen Durchmesser von 3 – 15 cm. Die Farbe kann hell- oder dunkelbraun sein oder auch leicht ins Rötliche gehen. Die Oberfläche hat manchmal auch zottige Schuppen. Wachsen die Shiitake bei niedrigen Temperaturen (zum Beispiel im Frühjahr) sehr langsam, können auch Risse entstehen und die Pilze bekommen dann eine ledrige Oberfläche. In Japan wird diese Ausprägung als »Blume« bezeichnet und gilt als ein besonderes Qualitätsmerkmal. Durch das langsame Wachstum sind die Pilze weniger wasserhaltig und darum noch aromatischer.

Frische Shiitake sind in besseren Gemüseabteilungen, auf Wochenmärkten und in biologischer Qualität auch in Bioläden erhältlich. Frische Ware ist zart, nicht trocken oder gar matschig und nicht zäh. Der Geruch der Pilze sollte immer angenehm sein. Die Pilzhüte können (im Gegensatz zum Champignon) waagerecht geöffnet sein. Sind die Hüte schon sehr deutlich nach oben geklappt, ist der Pilz schon über seinen idealen Reifezustand deutlich hinaus. Ist der Rand auch noch fransig, sollte man lieber auf den Einkauf verzichten.

Bei eigener Ernte sollten die Pilze vor der Sporenbildung geerntet werden, d. h. bevor sich der Rand nach außen wölbt, auch deshalb, weil sich die Lamellen dann öffnen und kleine Fliegen

dort einziehen können. Diese kann man leicht herauspusten. Das Sporenpulver ist weiß. Pilze, die schon bei der Sporenbildung sind, können noch geerntet werden, wenn sie noch nicht matschig sind.

Die Stängel können zäh sein und man sollte diese für eine Zubereitung sehr viel feiner als die Hüte schneiden oder aber entfernen.

Unterschieden werden im Wesentlichen zwei Haupttypen: Donko und Koshin. Der Donko ist eher dickfleischig und dunkel, der Koshin eher dünnfleischig und von hellerer Farbe. Für den Anbau auf Stämmen wird der Donko-Typ verwendet.

Getrocknet sind Shiitake auch in Naturkostläden und asiatischen Lebensmittelgeschäften erhältlich. Dort heißen sie unter Umständen auch Tonko- oder Donko-Pilze. Sie müssen einige Stunden in Wasser eingeweicht werden und haben ein hoch konzentriertes Aroma, aber (leider) auch einen mit den frischen Pilzen nicht zu vergleichenden »Biss«. 100 g getrocknete Pilze entsprechen etwa 1 kg Frischpilze.

Der Austernpilz

Austernpilze haben unregelmäßig geformte Hüte, da sie in dichten Büscheln oder Trauben wachsen. An einem Büschel bilden sich kleine und größere Fruchtkörper aus. Die Färbung variiert recht stark je nach Typ. Es gibt graue, graublaue, braune und sogar gelbe und rosafarbene Sorten. Auch hier ist das Hochklappen der Hüte ein Zeichen für Überreife der Pilze. Sind sie schon überreif, wird der Rand der Hüte durch das starke Wachsen nach oben sogar fransig (siehe Abbildung).

Im Gemüsehandel ist häufig der so genannte *Sommeraustern-pilz (Pleurotus ostreatus var. Florida)* zu bekommen. Man erkennt ihn an der braunen Färbung, diese kann unterschiedlich kräftig sein. Er wird oft auf Strohkulturen angebaut.

Überreife Austernpilze

Manchmal wird auch der so genannte *Kräuterseitling (Pleurotus eryngii)* angeboten. Sein Name geht nicht auf seinen Geschmack zurück, er heißt so, weil er natürlicherweise eher nicht auf Holz, sondern auf den absterbenden Wurzeln von Doldengewächsen wächst (zum Beispiel Bärenklau).

Als Impfmaterial für die vegetative Vermehrung ist meist der Winterausternpilz *(Pleurotus ostreatus)* erhältlich. Er entwickelt seine Fruchtkörper eher in der kühleren Jahreszeit zwischen 4 und 15 °C. Auch kaltes Wasser kann einen Kälteschock und somit einen Wachstumsimpuls für die Fruchtkörper auslösen.

Der Sommerausternpilz fruchtet bei wärmeren Temperaturen. Auch die »bunten« Sorten (gelb oder rosa) sind als Impfdübel erhältlich und haben ähnliche Kulturansprüche wie der Sommerausternpilz.

Wie werden Pilze
in Pilzfarmen angebaut?

In Deutschland haben sich zwei Arten des Anbaus von Shiitake und Austernpilzen durchgesetzt: Zum einen auf so genannte Fertigkulturen und zum anderen in der extensiven, eher traditionellen Art und Weise auf Holzstämmen.

Während der Anbau auf Holzstämmen eher für Hobbygärtner eine lohnende und sehr einfach durchzuführende Möglichkeit ist, Shiitake selbst zu erzeugen, wird in kommerziellen Pilzfarmen meist mit Fertigkulturen gearbeitet. Um regelmäßige Erträge und schnelle Ernten zu erreichen, werden Substrate hergestellt, die bei optimaler Temperatur- und Feuchtesteuerung innerhalb weniger Wochen schnell durchwachsen. Hierfür werden sterilisierte Strohhalme oder Sägespäne mit Nährstoffen (zum Beispiel Getreide) in Beuteln mit dem Mycel vermischt und gelagert. Nach einigen Wochen sind sie reif, so dass sie die ersten Pilze tragen. Diese Beutel werden in Intervallen abgeerntet, bis die Fruchtkörper alle Nährstoffe herausgezogen haben.

Das Herstellen von solchen Substraten muss sehr steril erfolgen, so dass meist Spezialbetriebe diese Aufgabe übernehmen und Gartenbaubetriebe die fertigen Substrate nur zum Ernten aufstellen. Auch Impfdübel, Körnerbrut usw. werden in Labors steril hergestellt.

Pilze aus diesem Anbau sind manchmal etwas unregelmäßiger, fast unförmig gewachsen. Dies ist aber kein Zeichen für mangelnde Qualität.

In der Bio-Pilz-Zucht müssen die Substrate aus dem kontrolliert biologischen Anbau stammen. So darf nur auf kbA-Stroh, unbelastetem Holz, Spänen oder Sägemehl sowie Kompost (für Champignons) aus kontrolliert-biologischer Erzeugung gezogen werden. Chemische Mittel zur Desinfizierung der Hallen sind verboten. Bio-Züchter verwenden stattdessen heißen Dampf.

Das Prinzip, dass Pilze sozusagen Abfallverwerter sind (siehe Seite 9) machen sich Anbaubetriebe bereits zu eigen: Sie nutzen neben Stroh insbesondere Brauereireste (Treber) als Austernpilzsubstrat. Weltweit werden Untersuchungen zur Brauchbarkeit von Reststoffen zur Verwendung in der Pilzzucht durchgeführt. So sind neben Stroh auch Teeblätter, Kaffeenebenprodukte und Kaffeesatz, Maisspindel, Nussschalen, Bananenabfälle, Zapfen von Nadelbäumen und sogar Altpapier als Substrat insbesondere für den Austernpilz geeignet.

Umweltinitiativen und Initiativen für eine Entwicklung von nachhaltiger Landwirtschaft haben Projekte entwickelt, in denen die Fähigkeit von Pilzen aufgegriffen wird, Nährstoffe aufzuspalten und somit Reststoffe in einer Kreislaufwirtschaft zu verwerten. *ZERI*, eine Initiative für Null-Abfall *(Zero Emissions Research and Initiatives)* hat ein Projekt mit kolumbianischen Kleinbauern entwickelt: Hier werden Shiitake-Pilze auf dem Rückschnitt von Kaffeepflanzen gezüchtet. Darüber hinaus ist das abgeerntete Pilzsubstrat im Gegensatz zu unbehandeltem Kaffeepflanzenrückschnitt für Tiere verdaubar und wird nach dem Abschluss der Pilzernte an Schweine und Kühe verfüttert.

Pilzanbau auf Holzstämmen

Anleitung für das Impfen von Hölzern mit Shiitake- und Austernpilzimpfdübeln:

Mit so genannten Impfdübeln, auch Impfstäbchen (Bezugsquellen im Anhang ab Seite 134) genannt, kann man selbst Pilzhölzer herstellen und diese nach einer mehrmonatigen Durchwachszeit im Garten kultivieren, um dann einige Jahre davon in Intervallen Pilze zu ernten.

Im Telegrammstil geht das so:
- Vorbereiten der Holzstämme
- Beimpfen der Holzstämme mit Pilzmyzel
- Lagern der Stämme in einer Miete zum Durchwachsen des Pilzmyzels
- Aufstellen (Shiitake) oder Eingraben (Austernpilz) der Stämme im Garten
- Pilzwachstum an den Stämmen über mehrere Jahre

Was wird an Material und Holz gebraucht?

Gebraucht werden neben den Impfdübeln eine Bohrmaschine mit einem 8-mm-Bohrer und ein Hammer sowie frische, gesunde Holzstämme ohne Pilzbefall und mit intakter Rinde. Zur Versiegelung empfiehlt sich Wachs oder Latex(-bindemittel), auch Lehm ist geeignet.

Für den Shiitake-Anbau werden am besten Hölzer von 8 – 15 cm Durchmesser und bis zu 1,20 m lang (so genanntes Knüppelholz) verwendet, kürzere dickere Stücke (ab 50 cm lang) eignen sich ebenfalls.

Pro Holz werden etwa zehn bis zwölf Dübel benötigt. Stehen mehr Dübel zur Verfügung, umso besser. Faustregel für Shiitake-

Knüppelhölzer sind mindestens zehn Dübel pro laufendem Meter.

Für den Austernpilzanbau verwendet man am besten dickere Hölzer, eher in Form von regelrechten Klötzen. Der Durchmesser der Hölzer kann mindestens 20 cm, besser mehr betragen. Für ein Holz mit 20 cm Durchmesser und 30 cm Länge werden etwa zehn Impfdübel verwendet.

Stehen lange Stämme zur Verfügung, so werden diese als ganze Stücke geimpft und erst nach dem Durchwachsen in kürzere Abschnitte zersägt. Dies schützt die Hölzer vor dem Austrocknen und die Zahl der benötigten Impfdübel verringert sich. Ein Stamm von 1 bis 1,20 m Länge kann nach dem Durchwachsen in vier Abschnitte zersägt werden. Die Abschnitte werden dann zu zwei Dritteln in den Gartenboden eingegraben. Auch richtige Baumstümpfe sind gut zu benutzen: Wenn ein Baum gefällt wurde, auf dessen Holz Shiitake oder Austernpilze angebaut werden können, so ist auch die Impfung des im Boden verbleibenden Stumpfes nach einer Wartezeit möglich. Geimpft wird eher oberirdisch, d. h. nicht an den tiefer liegenden Wurzeln. Voraussetzung ist, dass der Standort schattig ist. Notfalls kann hier auch durch den Bau eines Daches nachgeholfen werden. Die Durchwachszeit wird dann länger sein, da das Volumen des Holzes durch das Wurzelwerk erheblich größer ist als bei Stämmen.

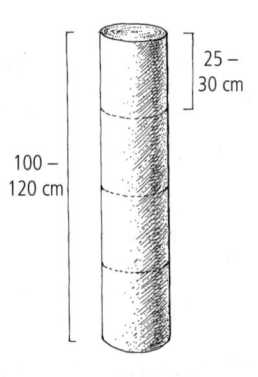

25 – 30 cm

100 – 120 cm

Zum Holz: Art und Zustand des Holzes

Es gibt verschiedene Baumarten, die gut für den Shiitake-Anbau geeignet sind. Insbesondere Eiche oder Buche sind günstig, aber auch Erle, Kirsche oder Birke können verwendet werden. Am besten haben sich nach unserer Erfahrung Eiche und Birke bewährt. Diese Hölzer haben eine sehr robuste Rinde, dies ist vorteilhaft, denn Shiitake entwickeln sich nicht in Bereichen, in denen die Rinde abgeplatzt ist. Nadelholz ist nicht geeignet.

Für den Austernpilz sind Holzstämme von Buche, Hainbuche, Pappel, Birke, Weide und Ahorn sowie Obstholz gut geeignet.

Es ist sehr wichtig, dass die Hölzer feucht sind und zum Zeitpunkt des Impfens keinen Fremdpilzbefall haben. Sie sollten deshalb nicht länger als etwa drei Monate gelagert sein.

Gleich nach dem Fällen haben Bäume noch natürliche Abwehrstoffe gegen Pilze im Holz. Um diese auszuschließen, ist es erforderlich, die Stämme mindestens sechs Wochen abzulagern. Außerdem haftet bei in Winterruhe geschlagenen Stämmen die Rinde besser, es ist also günstiger, Holz aus dieser Zeit zu verwenden.

Wie wird geimpft?

Es werden gleichmäßig über den ganzen Stamm verteilt ca. 10 – 15 Löcher gebohrt (spiralförmig um den Stamm), mit einer den Dübeln entsprechenden Tiefe. In diese Bohrungen werden die Dübel per Hammer eingeschlagen. Die Dübel dürfen nicht locker sitzen, sondern müssen fest ins Holz eingeschlagen werden. Eventuell löst sich dann das watteartige Mycel vom Dübel, das ist aber nicht schlimm, weil es auch in die Dübel eingewachsen ist.

Es ist vorteilhaft, die Impfdübel nach dem Einschlagen mit Wachs, Latex(-bindemittel) oder Lehm zu versiegeln, die Stämme werden dadurch vor Fremdpilzbefall und vor dem Austrocknen geschützt. Wird Latex verwendet, sollten auch die Schnittstellen damit versiegelt werden und zwar gleich nach dem Schlagen des Holzes. Latexbindemittel oder auch sog. Elefantenhaut für Tapeten ist in Baumärkten zu bekommen. Kleinere Mengen Stämme können auch mit flüssigem Latex aus dem Künstlerbedarf versiegelt werden. Eine andere Möglichkeit des Schutzes vor dem Austrocknen ist das Überstülpen der Knüppelenden mit sauberen Plastikbeuteln (zum Beispiel Gefrierbeutel). Diese werden mit einem Gummiband verschnürt.

Die Stämme können das ganze Jahr hindurch geimpft werden, sie müssen aber insbesondere in den ersten sechs Wochen vor stärkeren Frösten geschützt werden.

Lagerung nach der Impfung (Durchwachsphase)

Die beimpften Hölzer sind nach dem Impfen in eine Miete zu bringen: Auf Erde oder Rasen (nicht auf Steine oder Beton), an einem schattigen Platz im Garten, legt man ein paar alte Hölzer oder Obstkisten, worauf dann die Stämme gelegt werden. Das Holz wird mit einer Schicht Stroh oder auch einem Jutesack abgedeckt und das Ganze dann mit einer Plastikfolie überzogen (s. Abb. rechts). Es ist wichtig, die Folie mit Luftlöchern zu versehen (pro m² Folie ca. fünf Löcher).

Die Kulturen bleiben nun ca. sechs bis zwölf Monate in der Miete. Wichtig ist, dass das Mycel insbesondere in den ersten sechs Wochen vor Frost geschützt ist.

Wird im Herbst oder Winter geimpft, so können die Stämme auch in einem frostfreien Raum (zum Beispiel im Keller, da kein Licht benötigt wird) gelagert werden. Um sie vor dem Austrocknen zu schützen, sollten sie gut in Folie eingewickelt werden. Bei Kellerlagerung kann die Durchwachsphase von Birkenknüppeln schon nach etwa vier bis fünf Monaten beendet sein. Durch die gleichmäßigen Temperaturen hat das Mycel sehr gute Wachstumsbedingungen.

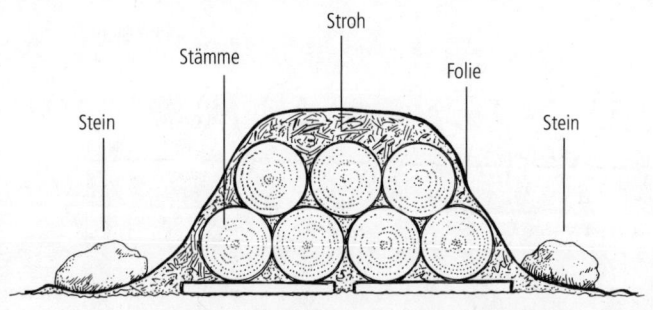

Lagerung der Hölzer in einer Miete

Eine frostfreie Lagerung kann man auch gut erreichen, indem man die Stämme einzeln in Wellpappe und zusätzlich in Noppenfolie einwickelt und diese im Garten in der üblichen Miete an geschützter Stelle lagert.

Achtung: Die Lagertemperatur sollte generell 30 °C nicht übersteigen, da das Mycel sonst geschädigt wird. Also die Stämme im Hochsommer bitte nicht im Gewächshaus lagern.

Die Durchwachsphase ist beendet, wenn das Mycel an den Stirnseiten des Stammes weißlich sichtbar wird. Diese Ausprägung ist allerdings nur bei entsprechender Feuchtigkeit gegeben und kann sich bei Trockenheit auch wieder zurückbilden.

Aufstellen der Hölzer im Garten

Wenn die Durchwachsphase abgeschlossen ist, heißt das noch nicht, dass sofort Fruchtkörper ausgebildet werden. Das Mycel muss das Holz noch besser erschließen und Nährstoffe speichern. Die Shiitake-Hölzer können in dieser Zeit schon aufgestellt werden, sie können aber auch zum Schutz vor dem Austrocknen etwa zwölf Monate in der Miete bleiben.

Die Hölzer werden aufgestellt, zum Beispiel gegen einen Zaun, einen Baum oder eine Wand, damit sich die Fruchtkörper unge-

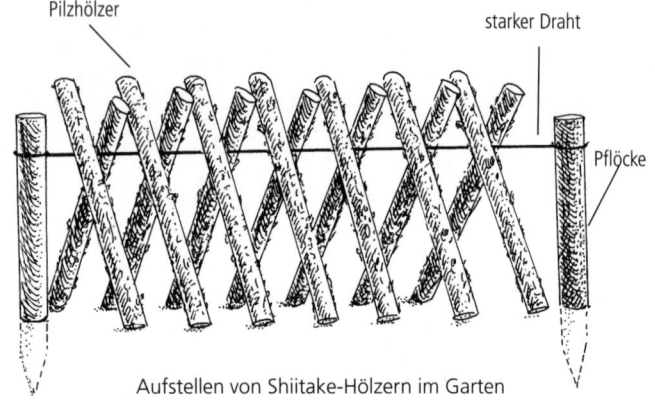

Pilzhölzer

starker Draht

Pflöcke

Aufstellen von Shiitake-Hölzern im Garten

hindert ausbilden können. Praktisch ist es auch, zum Aufstellen zwei Pfähle in die Erde zu schlagen und dazwischen einen starken Draht zu spannen. Die Hölzer werden dann abwechselnd von beiden Seiten dagegen gestellt (vgl. Abb. oben).

Der Shiitake braucht keinen Erdkontakt, das Mycel wächst nicht ins Erdreich hinein. Ein Eingraben, zum Beispiel aus gestalterischen Gründen, schadet jedoch nicht.

Nach dem Durchwachsen sind die geimpften Stämme frostresistent, die Shiitake-Stämme können dann im Winter im Garten bleiben. Bei starkem Frost ist es sinnvoll, sie zum Schutz vor Frostrissen abzudecken.

Austernpilzhölzer, die im Frühling oder Frühsommer geimpft wurden und erkennbar vom Mycel durchwachsen sind, können im Herbst im Garten ausgelagert, d. h. in den Gartenboden eingegraben werden. Hierfür werden 20 – 25 cm tiefe Löcher in nährstoffreichem Gartenboden ohne Staunässe gegraben. Dann werden die Hölzer aufrecht in das Loch gesetzt, so dass sie noch 5 – 15 cm aus der Erde herausschauen. Die Erde wird beim Schließen des Loches gut festgedrückt. Die Stämme sollten etwa

30 cm Abstand haben, damit sie sich im Pilzwachstum nicht gegenseitig behindern. Das Eingraben schützt den Stamm auch vor dem Austrocknen.

Wichtig ist, dass alle Stämme, sowohl bei Shiitake als auch beim Austernpilz einen schattigen und windstillen Standort haben und Regenwasser an die Stämme kommt. Ein Platz unter einer Fichte zum Beispiel ist zwar sicherlich schattig, aber viel zu trocken. Ist der Sommer sehr trocken, sollten die Stämme unbedingt gewässert werden. Das Austrocknen der Stämme führt zum Absterben des Mycels. Ein Indikator für zu trockenes Holz ist die Bildung von Rissen an der Stirnseite.

Die Flächen zwischen den Stämmen können mit Rindenmulch etwa 5 cm abgedeckt werden, dies hindert aufkommende Kräuter und Gräser am zu starken Einwachsen der Stämme.

Eingraben von Austernpilz-Hölzern an einem schattigem Platz

»Erntebeschleunigung«
bei den Shiitake-Stämmen

Um nach dem Durchwachsen die eigentliche Fruchtkörperbildung zu beschleunigen, kann man die durchwachsenen Shiitake-Stämme für ca. 12 Stunden in kaltes Wasser tauchen. Wenn sie zu lang sind, dreht man sie nach 12 Stunden um. Durch diesen Kälteschock wird das Pilzwachstum angeregt. Auch schockartige Bewegungen sind gut für die Hölzer: Jeder Stamm kann nach dem Tauchen drei- bis viermal kräftig mit der Schnittfläche auf eine Steinplatte (ohne dass er zerbricht) geschlagen werden. Dies begünstigt ebenso die Fruchtkörperbildung, weil chemische Prozesse angeregt werden. Die Shiitake-Bauern in Japan nennen es übrigens »die Pilze wecken«.

Etwa 14 Tage nach dem Tauchen entstehen die ersten Ansätze, das heißt, die Rinde bricht an einigen Stellen auf und kleine Pilzköpfe werden sichtbar, die als Primordien bezeichnet werden. Es ist normal, dass sich nicht alle dieser Primordien zu ausgewachsenen Pilzen entwickeln.

Gibt es im Frühjahr oder Herbst lang anhaltende Regenfälle, so bilden sich die Fruchtkörper auch von selbst.

Achtung: Wer Schnecken im Garten hat, sollte die Stämme in der Phase der Fruchtkörperbildung vor ihnen schützen. Da die Shiitake-Stämme ja nicht eingegraben werden, können sie also vorübergehend an einen schneckensicheren, aber auch schattig-kühlen Ort gebracht werden, wenn sie austreiben.

Eine geschützte, schattige Stelle am Haus und im Garten findet sich immer: ein Treppen- oder Mauerabsatz, eine Astgabel o. Ä. Will man die Stämme an ihrem Platz belassen, so hilft es auch, eine starke Latte auf zwei bis drei Pfähle, die ca. 20 cm aus der Erde reichen, zu nageln und die Stämme auf die Latte zu stellen (vgl. Abb. folgende Seite).

Danach brauchen die Shiitake-Kulturen eine Ruhephase von ca. sechs bis acht Wochen, in der sie eventuell auch von selbst

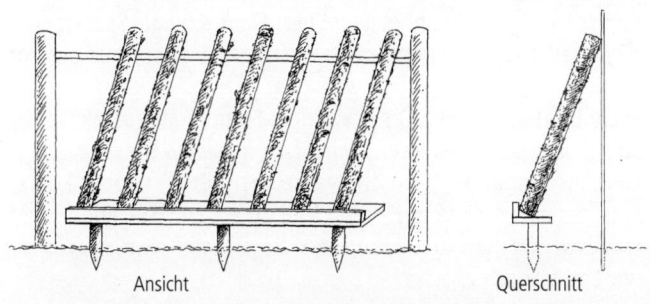

Ansicht   Querschnitt

Aufstellen von Shiitake-Hölzern mit Schneckenschutz

fruchten. Um die Hölzer nach dieser Zeit wieder anzuregen, werden sie wieder getaucht (s. o.). Diese Behandlung kann nun immer wiederholt werden.

Bei Austernpilzen funktionieren diese Tricks der Fruchtkörperbildung nicht, da die Hölzer nicht wieder ausgegraben werden dürfen.

Üblicherweise verwendet man vom Austernpilz den Typ *Pleurotus ostreatus* (Winterausternseitling). Dieser bildet seine Fruchtkörper eher in der kalten Jahreszeit aus. Wichtig ist, dass die eingegrabenen Stämme auch den Sommer über gut feucht gehalten werden.

Für die eingegrabenen Stämme mit Austernpilzen sind meist Schneckenzäune oder andere Methoden der Schneckenabwehr vorteilhaft.

Ernte und Erntezeitpunkt

Sind Fruchtkörper erkennbar (die Rinde platzt auf und es entstehen kleine Knötchen), muss bei trockenem Wetter durch Gießen mit der Gießkanne nachgeholfen werden, dass diese nicht austrocknen.

Geerntet wird beim Shiitake, wenn die Haut an der Hutunterseite aufgerissen ist und die Lamellen des Pilzes sichtbar sind, aber der Hutrand noch leicht eingerollt ist. Dann sind die Sporen noch nicht reif und die Lamellen so weit geschlossen, dass sie von Insekten verschont bleiben.

Man dreht die Fruchtkörper aus dem Stamm oder schneidet sie ab, so dass möglichst kein Stielrest übrig bleibt.

Der Austernpilz wird büschelweise geerntet. Es macht keinen Sinn, zuerst nur die größeren Hüte zu ernten. Sie sind so verwachsen mit den kleineren, dass sie alle auf einmal geerntet werden müssen.

Vermeidung von Misserfolgen

Im geimpften Holz spielt sich zwischen dem erwünschten Kulturpilz und anderen Holz zersetzenden Pilzen oder auch Schimmelpilzen, die sich auch direkt auf das Mycel setzen können, ein Kampf ab. Nach ein paar Wochen Lagerung in der Miete kann man insbesondere auf Buche kleine pustelartige rote Pilze beobachten, diese scheinen aber eher nur die Rinde zu besiedeln. Ist die Holzoberfläche sehr feucht, kann sich auch Schimmel bilden. Dann sollte die Miete gelüftet werden, aber das Holz darf dabei nicht zu sehr austrocknen (eventuell anschließend auch Wässern).

Dem Befall der Impfstellen bzw. -dübel durch Schimmel kann vorgebeugt werden, indem beim Impfen zügig gearbeitet wird, die Beutel mit den Dübeln erst zum Impfen geöffnet werden (sterile Verpackung) und die Impfstellen mit Latex(-bindemittel), Kerzen- oder Bienenwachs (heißen Wachs auf die Dübel tropfen) sofort verschlossen werden.

Auch die Stirnholzseiten der Stämme sollten unmittelbar nach dem Schlagen des Holzes, am besten auch schon vor dem Impfen, mit Latex bestrichen werden. Dies schützt den Stamm vor dem Austrocknen und dem Eindringen von Fremdpilzen.

Eine einfache Methode ist es auch, einzelne (saubere!) Gefrierbeutel über die Stammenden stülpen und mit Gummibändern
festziehen.

Bei einer Lagerung im Keller sollte man die Stämme immer in
saubere Folie oder Beutel einschlagen.

Schaut man nach einigen Monaten in die Miete, sollte sich an
den Stirnseiten der Hölzer weißes Mycel gebildet haben. Es sollte angenehm riechen. Auch um die Dübelstellen herum ist bei
ausreichender Feuchte weißes Mycel sichtbar. Beim Shiitake kann
dies auch kakaobraun sein.

Taucht ein ganz anderer Pilz mit Fruchtkörpern auf, so haben
wir leider verloren. Auch das kommt vor. Ursache ist dann wahrscheinlich, dass das Holz zum Zeitpunkt des Fällens schon »be-
setzt« war.

Sollten Sie den Eindruck haben, dass sich an den Hölzern nicht
viel tut, so haben sie etwas Geduld. Graben Sie die Stämme trotzdem ein bzw. stellen Sie sie auf. In der Literatur wird häufig
beschrieben, dass sich die ersten Fruchtkörper schon nach sechs
Monaten entwickeln können. Das ist selten der Fall, es kann bei
Hartholz mit starkem Durchmesser auch schon mal zwei Jahre
dauern.

Häufig gestellte Fragen

Was sind Impfdübel und wie lange können sie gelagert werden?

Die Impfdübel sind handelsübliche Hartholzdübel (meist 8 × 40 mm), die im Pilzlabor unter sterilen Bedingungen mit dem Pilzmycel versetzt und somit zum Trägermaterial werden. Sie werden auch Impfstäbchen genannt.

Impfdübel sind einige Zeit kühl gelagert haltbar. Die empfohlene Lagertemperatur beträgt 2 – 4 °C (Kühlschränke sind je nach Fach meist etwas wärmer, hier also ganz unten lagern). Das Mycel wird in dieser Zeit eventuell aus den Dübeln herauswachsen. Es ist vorteilhaft, die Impfdübel eher unmittelbar bei Bedarf zu bestellen, da diese bei starkem Mycelwachstum auch weich werden können und dann nicht mehr so leicht zu verarbeiten sind. Die Dübel sind gut über den Versand zu erwerben. Manche Gartencenter bieten diese auch direkt an. Für die Qualität des Mycels ist eine gekühlte Lagerung jedoch sehr wichtig. Den Postversand überstehen die Dübel leicht, eine wochenlange ungekühlte Lagerung jedoch nicht unbedingt.

Wie erkennt man die Qualität der Pilzbrut?

Pilzbrut ist das mit Mycel durchwachsene Nährstoffmedium, zum Beispiel Impfdübel oder Getreidebrut (»Körnerbrut«). Jedes Pilzmycel sollte eine angenehme Farbe haben und gut riechen. Shiitake-Mycel ist weiß, kann sich stellenweise aber auch braun färben (etwa kakaofarben). Austernpilz-Mycel bleibt weiß. Ist deutlicher Schimmel in den Farben grün, rot oder auch gelb zu erkennen, taugt das Mycel nichts mehr. Es wurde verunreinigt und Schimmelpilze haben sich auf das Mycel gesetzt. Aus diesem Grund soll man Päckchen mit Brut erst zum Verarbeiten öffnen und alsbald verbrauchen. Angebrochene Packungen werden am besten in einer geschlossenen sauberen Dose im Kühlschrank aufbewahrt.

Lagern Impfdübel schon länger, so kann man ihre Vitalität testen, indem man einige Impfdübel auf leicht feuchtes Löschpapier unter ein Glas gibt und warm aufbewahrt (20 – 25 °C). Nach einigen Tagen wächst das Mycel in das Löschpapier hinein. Tut sich gar nichts, so ist das Mycel nicht mehr sehr vital, sollte also nicht mehr verwendet werden.

Was ist Körnerbrut und wie wird diese per Schnittimpfung verarbeitet?

Körnerbrut ist mit Mycel versetztes Getreide. Ähnlich wie die Impfdübel dienen diese als Träger- und Nährstoffbasis für das Mycel. Körnerbrut ist schwieriger zu verarbeiten. Mit einer Kettensäge macht man Schnitte in den Holzstamm und füllt die Brut ein. Anschließend wird der Schnitt mit Plastikfolie abgedeckt. Diese Methode hat jedoch ein paar Nachteile: Die Körnerbrut wird üblicherweise nur in größeren Mengen angeboten. Darüber hinaus kann die Getreidebrut während des Durchwachsens von Mäusen angefressen oder von Fliegen befallen werden. Außerdem erfordert es eine gewisse Geschicklichkeit, die Körnerbrut in die Schnitte einzufüllen. Darüber hinaus werden die Stämme etwas instabil und können brechen oder Schnecken und Kellerasseln können die Einschnitte als Verstecke nutzen.

Wie oft kann man von geimpften Stämmen ernten?

Die ersten Ernten werden wahrscheinlich im Bereich der Impfstellen auftreten. Auch kann es sein, dass zunächst nur ein bis zwei Pilze wachsen. Der Pilz erschließt das Holz über mehrere Jahre. Ein Stamm kann vier bis fünf Jahre oder länger tragen (je nach Dicke und Holzart). Er ist erst dann verbraucht, wenn das Holz morsch in sich zusammenfällt. Harthölzer wie Eiche halten sehr lange, Birke ist weicher und dadurch schneller verbraucht.

Wie viel kann von den Hölzern geerntet werden?

Der Gesamtertrag liegt bei ca. 20 % des ursprünglichen Gewichts des Holzes über die Erntejahre verteilt. Von einem Stamm oder Stubben, der ursprünglich etwa 10 kg gewogen hat, können also insgesamt etwa 2 kg Pilze geerntet werden.

Darf man altes oder gespaltenes Holz nehmen?

Das Holz sollte nur wenige Wochen abgelagert sein, sonst können bereits Konkurrenzpilze im Holz sein. Das Holz sollte auch nicht von Bäumen stammen, die man gefällt hat, weil sie morsch oder krank waren (zum Beispiel wegen Virenbefall an Obstbäumen).

Gespaltenes Holz oder Holzscheite können nicht verwendet werden. Die Oberfläche ohne Rinde ist dann zu groß. Die Shiitake-Fruchtkörper bilden sich nur aus der Rinde.

Kann man mit dem Mycel bereits durchwachsener Stämme neue Stämme impfen?

Dies hat vielleicht schon einmal geklappt, wäre aber eher ein Experiment. Wenn das Mycel aus der Rinde austritt, ist es ja unsterilen Bedingungen ausgesetzt, so dass man diesen Zustand auf frische Hölzer übertragen würde.

Wie erkannt man, dass die Durchwachsphase für die Stämme beendet ist und sie aus der Miete genommen werden können?

Nach einigen Monaten Lagerzeit in der Miete erscheint an den Stirnseiten der Holzstämme und möglicherweise auch auf der Rinde das weißliche Mycel. Dies ist ein Zeichen für das erfolgreiche Durchwachsen des Holzes. Die Austernpilzstämme können dann ausgebracht und eingegraben werden.

Die Shiitake-Stämme brauchen etwa 12 bis 24 Monate (Weich- bzw. Hartholz), bis sie die ersten Fruchtkörper bilden. Zum Schutz vor dem Austrocknen können sie also sehr lange in der Miete bleiben.

Weichholz (zum Beispiel Pappel oder Birke) zeigt schon nach drei bis vier Monaten Mycel an den Stirnseiten. Hartholz braucht länger. Bei der Eiche zeigt sich zunächst nur ein weißer Ring im Randbereich, da das Splintholz zuerst erschlossen wird und das Kernholz später.

Was kann es für Schädlinge am Holz geben?

Es gibt immer neben den gewünschten Pilzen auch Fremdpilzbefall. Bei Buchenholz darf man keinen Schrecken bekommen, wenn innerhalb der ersten Wochen Lagerung in der Miete auf der Rinde der Stämme kleine rote Pustelpilzchen auftreten. Diese bleiben eher an der Oberfläche des Holzes und verschwinden wieder. Bei starker Feuchtigkeit können auch Schimmelpilze in Form von grünlichen Pusteln auftreten. Diese sind zwar Konkurrenz, aber man kann ihr Auftreten nicht vermeiden. Hat man nach einem Jahr eher etwas Baumpilzartiges am Holz, was man aus dem Wald kennt, hat man leider Pech und ein anderer Holzbewohner hat sich durchgesetzt. Schade, aber das kann vorkommen.

Für eine erfolgreiche Pilzzucht ist es sehr wichtig, dass man gesundes Holz verwendet. Wenn Sie Holz aus dem Wald holen, so betonen Sie unbedingt beim Förster, der Sie einweist, dass Sie gesundes Holz für die Pilzzucht benötigen.

Warum werden manche Stämme eingegraben und andere nicht?

Für den Shiitake nimmt man dünne Knüppelhölzer. Diese brauchen keinen Erdkontakt. Das ist praktisch, weil man sie auch mal im Garten umlagern kann. Die Austernpilzstämme und andere Arten, zum Beispiel Stämme mit Stockschwämmchen, werden eingegraben. Dies schützt die eher dicken, kurzen Hölzer vor dem Austrocknen und möglicherweise werden dabei auch Nährstoffe aus dem Boden gezogen.

Sind Pilze eigentlich Pflanzen?

Nein, Pilze sind keine Pflanzen. Sie haben kein Blattgrün (Chlorophyll) und ernähren sich von totem organischem Material, insbesondere Lignocellulose, d. h. von faserartigen Zellen. Hieraus Nährstoffe abzubauen, gelingt nur den Pilzen, nicht aber den Pflanzen.

Können Austernpilze nicht auch auf Stroh angebaut werden?

Ja, das geht und wird im Erwerbsgartenbau ja auch durchgeführt. Die Hobbyliteratur beschreibt diese Methode gern. Der erste Schritt ist, sich einen Strohballen zu besorgen (das geht ja noch), dann soll dieser Strohballen einige Tage gewässert werden, und darin liegt eine große Schwierigkeit: Wie bekommt man den Ballen problemlos wieder aus der Badewanne oder aus der Regentonne heraus, ohne sich den Rücken zu beschädigen? Danach kommt es auf eine genaue Steuerung der Feuchte an. Ist das Stroh zu feucht, kann das Mycel »ertrinken«, ist es zu trocken, verkümmert es. Alles in allem eine wenig praktikable Anbaumethode.

Auf welchen Reststoffen können Pilze noch angebaut werden?

Holz zersetzende Pilze wie Shiitake und Austernpilz können zum Beispiel auch auf Tee- und Kaffeeresten angebaut werden (siehe dazu S. 16). Wer es versuchen möchte, sollte mit Austernpilzen beginnen. Der Shiitake ist anspruchsvoller und erfordert sterilisierte Substrate, d. h. solche, in denen Fremdpilze wie zum Beispiel Grünschimmel abgetötet wurden. Da einige Pilzliebhaber damit experimentieren, gibt es neben Fachliteratur zum Thema

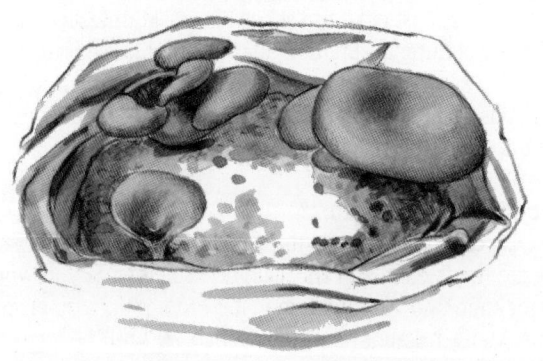

Anbau von Austernpilzen auf Substraten

Substratherstellung auch im Internet Erfahrungsberichte und Hinweise.

Kann man auch Steinpilze oder Pfifferlinge anbauen?

Das geht leider nicht. Diese Pilze bilden eine Lebensgemeinschaft (Symbiose) mit Bäumen und wachsen in deren Wurzelbereich. Dadurch vergrößert sich für die Bäume die Wurzelmasse und es können mehr Nährstoffe aus dem Boden gezogen werden, die wiederum von den Pilzen benötigt werden. Dies ist ein kompliziertes System, das nicht nachgeahmt werden kann. Im Gegensatz dazu zersetzen Shiitake und Austernpilz die Zellen von Holz oder faserartigen Pflanzen und ziehen daraus die Nährstoffe, ähnlich wie es Pflanzen aus Humus machen.

Können die Pilze auch auswildern, d. h. andere lebende Bäume in der Umgebung befallen?

Austernpilze und Shiitake wachsen nur auf totem Holz. Lebende Bäume verfügen über Abwehrstoffe, die einen Pilzbefall verhindern. Man braucht nicht zu befürchten, dass die Pilze im Garten auf gesundes Holz übergehen.

Der Austernpilz ist ein heimischer Pilz, er könnte sich also über die Sporenbildung ausbreiten, aber üblicherweise erntet man ja vorher. An seinem seltenen natürlichen Vorkommen kann man sehen, dass die Rahmenbedingungen zum erfolgreichen Ausbreiten über die Sporen wohl recht komplex sind.

Wo bekommt man Latex?

Latex ist ein gutes Mittel, um die Stirnseiten der Hölzer und auch die Impfstellen zu versiegeln und so einen Schutz vor dem Austrocknen und vor Infektionen mit Fremdpilzen zu erreichen. Kleine Mengen Latex (zum Beispiel ab 200 ml) bekommt man im Künstlerfachbedarf, möchte man im größeren Stil einige hundert Stämme impfen, so kann man auch Latexbindemittel aus dem Baustoffhandel beziehen (preiswerter). Wer kein Latex verwenden möchte, sollte die Impfstellen zumindest mit Kerzen- oder Bienenwachs beträufeln, um sie abzudichten. Eine gute Möglichkeit ist es auch, die Enden der Stämme in saubere Plastiktüten, zum Beispiel Gefrierbeutel, einzupacken (mit einem Gummiband befestigen).

Was ist die beste Jahreszeit für das Herstellen von Impfhölzern?

Am besten ist das Impfen vom Frühjahr bis zum Frühsommer. Dann steht Holz aus dem Wintereinschlag zur Verfügung. Bei diesem Holz haftet die Rinde besser als bei Holz, das mit Laubaustrieb geschlagen wurde. Das ist vorteilhaft für das Wachstum des Mycels (besserer Schutz vor Austrocknen) und beim Shiitake vor allem für die Fruchtkörperbildung von großer Bedeutung: Der Shiitake bildet Fruchtkörper nur an der Rinde aus.

Auch die frühsommerlichen Temperaturen sind vorteilhaft für das Wachsen des Mycels. Optimales Mycelwachstum findet bei 20 bis 24 °C statt. Hat man im Sommer frisch geschlagenes Holz zur Verfügung, so kann dieses auch dann geimpft werden.

Shiitake im erntereifen Zustand

Steht Holz aus dem Spätherbst oder Frühwinter zur Verfügung, so kann dies nach der Impfung in Folie eingeschlagen im Keller gelagert werden. Auch dies ist noch ein recht guter Zeitpunkt: Die Temperaturen sind zwar meistens niedriger, dafür aber gleichmäßiger. Im späteren Frühjahr können diese Stämme dann ausgelagert werden.

Muss das Holz immer abgelagert werden und, wenn ja, wie lange?
Das Holz sollte vor dem Impfen immer etwa sechs Wochen abgelagert werden, da darin noch natürliche Abwehrstoffe des Baumes gegen Pilzbefall enthalten sein können. Ideal ist es, wenn gleich nach dem Fällen die Schnittstellen (Stirnseiten und eventuelle Aststellen) mit Latex versiegelt werden. Hatte man keine Gelegenheit dazu und zeigt sich Schimmelbefall an den Stirnseiten (insbesondere bei Birke kommt dies schnell vor), sollten vor dem Impfen Scheiben von einigen Zentimetern abgesägt werden.

Kann das Holz zu trocken sein?

Hat man den Eindruck, dass das Holz eventuell zu trocken ist, sollte man ein paar Scheiben des Holzes absägen und das Sägemehl in der Hand auf seine Feuchtigkeit prüfen. Es ist feucht genug, wenn es zusammenklebt. Falls es sehr locker auseinander fällt, muss das Holz vor dem Impfen durch Beregnung oder Wässern, zum Beispiel in einer Regentonne, wieder feucht gemacht werden.

Geheimtipp aus Fernost

Shiitakepilze schmecken nicht nur köstlich, sie bereichern unseren Speisezettel auch mit wertvollen Inhaltsstoffen. Die Pilze sind kalorienarm und reich an Ballaststoffen, die für gute Sättigung sorgen und die Verweildauer der Nahrung im Darm verkürzen. Frische Pilze enthalten zwar relativ wenig, dafür aber hochwertiges Eiweiß, das gut mit anderen pflanzlichen Eiweißträgern (Getreide, Kartoffel, Hülsenfrüchte) kombiniert werden kann.

Darüber hinaus liefern Shiitake viele Vitamine der B-Gruppe, darunter auch Folsäure – ein Vitamin, mit dem viele Menschen unterversorgt sind. Ein weiterer wichtiger Inhaltsstoff ist das Ergosterin, eine Vorstufe des Vitamin D. Der Verzehr von wenigen Pilzen genügt bereits, um den täglichen Vitamin D-Bedarf des Menschen zu decken.

Bei den Mineralstoffen und Spurenelementen sind Kalium und Zink besonders erwähnenswert, aber auch Eisen und Magnesium sind in größeren Mengen enthalten.

Zwei Inhaltsstoffe machen Shiitake vor allem für die Naturheilmedizin besonders interessant: Lentinan und Eritadenin.

Lentinan ist ein Polysaccharid (Vielfachzucker) mit hohem gesundheitlichen Wert: Er soll der Karies entgegenwirken, die Insulinproduktion fördern und sich dadurch positiv auf den Blutzuckerspiegel auswirken. Von besonderer Bedeutung ist seine Wirkung auf das Immunsystem. Lentinan regt den Körper an, die eigenen Abwehrkräfte zu mobilisieren und beispielsweise vermehrt Lymphozyten und „Killerzellen" zu bilden.

Die ungesättigte Fettsäure Eritadenin hat vor allem positive Auswirkungen auf den Cholesterinspiegel, da das schlechte LDL-Cholesterin verringert und das gute HDL-Cholesterin erhöht wird. In der traditionellen chinesischen Medizin wird Shiitake als Heilmittel gegen Erkältungen, Grippe, Magenverstimmungen und zur Verlangsamung der Alterungsprozesse eingesetzt.

Lentinan soll für die vermutlich tumorhemmende Wirkung des Shiitake verantwortlich sein. In Japan ist er als Medikament bei Magenkrebs zugelassen. In Deutschland wird Shiitake vereinzelt in der begleitenden Therapie bei Krebserkrankungen eingesetzt.

Auch Austernpilze liefern ein ganzes Paket an wohltuenden und wichtigen Inhaltsstoffen. Sie bieten dem Körper relativ viel Eiweiß mit allen lebensnotwendigen Aminosäuren. Sie sind reich an B-Vitaminen, vor allem an Niacin und Folsäure. Sie liefern Mineralstoffe wie beispielweise Kalium und sind dabei noch kalorienarm und enthalten viele Ballaststoffe.
Der Verzehr von Austernpilzen soll sich ebenfalls positiv auf den Cholesterinspiegel auswirken. Auch eine tumorhemmende Wirkung wird derzeit diskutiert.

Hinweise zum Umgang
mit Shiitake und Austernpilzen
in der Küche

Lagerung

Frische Pilze können im Kühlschrank einige Tage gelagert werden. Am besten ist die Aufbewahrung in einem luftdurchlässigen Gefäß, weniger geeignet sind Plastikbeutel oder luftdichte Dosen. Man wählt das kühlste Fach für die Lagerung aus, entweder ganz unten oder, bei sehr gut ausgestatteten Kühlschränken, das »Null-Grad-Fach«. Frisch eingelagerte Shiitake-Pilze können so bis zu einer Woche gelagert werden.

Beim Austernpilz kann sich während der Lagerung ein weißer Belag auf den Hüten herausbilden (ähnlich wie auf einer Rinde von weißem Brie-Käse), dies zeigt sein weiteres Wachstum während der Lagerung an und ist harmlos.

Pilze vorbereiten

Unsere Holzbewohner haben üblicherweise keinen Sand in den Lamellen wie zum Beispiel Pfifferlinge. Eventuell vorhandene Substratreste können mit Küchenpapier entfernt werden. Die Pilze sollten jedoch nicht gewaschen werden, da sich dann die Lamellen vollsaugen und sie matschig werden.

Bei der Eigenernte aus dem Garten ist darauf zu achten, dass keine Fliegen in den Lamellen sitzen, insbesondere wenn die Hüte schon stark geöffnet sind. Diese »Untermieter« kann man aber herauspusten.

Pilze brauchen nicht geschält werden. Man sollte nur Schadstellen und beim Shiitake die härteren Stielenden entfernen. Ansonsten können die Stiele vom Austernpilz und vom Shiitake mitverzehrt werden, beim Shiitake werden sie aber kleiner geschnitten als die Hüte.

Beim Austernpilz ist der Übergang vom Stiel zum Hut fließend. Hier können die Stielenden ganzer Pilz-Trauben manchmal recht zäh sein. Bei großen Exemplaren muss der ganze untere Teil der Traube abgeschnitten bzw. feiner als die Hüte geschnitten werden.

Pilze enthalten viel Wasser. Beim Zubereiten in Pfanne oder Kochtopf verkleinert sich ihr Volumen enorm. Sie sollten also nicht zu klein geschnitten werden. Optisch ansprechend ist beim Shiitake das Schneiden in Längsstreifen, so dass die typische Pilzform aus Hut und Stiel noch erkennbar bleibt.

Das Rohessen von Pilzen ist möglich, aber Geschmackssache. Rohe Shiitake können einen starken, knoblauchartigen Geschmack haben, Austernpilze haben eher ein mildes, typisches Pilzaroma.

Aufwärmen von Pilzgerichten

Fertige Pilzgerichte verderben aufgrund ihres hohen Wasser- und Eiweißgehalts schnell. Sie können einen Tag im Kühlschrank aufbewahrt werden. Man sollte immer beachten, dass sie nach dem Zubereiten schnell abkühlen und kalt gelagert werden. Das Aufwärmen eines Pilzgerichtes ist dann ohne weiteres möglich, vor dem Verzehr sollte es aber gut durcherhitzt werden.

Hinweise zu den Rezepten

Die Rezepte in diesem Buch sind für 4 Personen.

Die Zutaten sollten soweit wie möglich vollwertig sein und aus kontrolliert biologischem Anbau stammen. Ungespritzte und unbehandelte Nahrungsmittel haben nicht nur einen viel besseren und intensiveren Geschmack als solche, die mit den Hilfsmitteln der Agrarindustrie hochgepäppelt wurden; sie sind zudem auch noch viel gesünder!

Obst und Gemüse immer so frisch wie möglich verarbeiten. Durch zu langes Waschen, Stehen an der Luft oder zu langes Kochen gehen viele Minteralstoffe und Vitamine verloren.

Tierische Produkte wie Milch und Eiern sollten aus einer artgerechten Tierhaltung stammen.

Die Nahrungsmittel sollten so naturbelassen wie möglich sein. Das heißt, wir nehmen statt weißen Auszugsmehlprodukten Vollkornprodukte, statt raffiniertem Zucker alternative Süßmittel wie Honig und statt lösungsmittelextrahierten, desodorierten Ölen kaltgepresste Öle. Bei Salz empfiehlt sich das mineralreichere Meersalz oder ein mit Kräutern gemischtes Kräutersalz.

Suppen

Sellerie-Shiitake-Suppe

1 mittelgroße Sellerieknolle
200 g Shiitake
1 Bund Kerbel
1 l Gemüsebrühe
2 EL Butter
1 Prise Muskatnuss
Salz
1 Eigelb

Den Sellerie schälen und würfeln. Die Pilze putzen, die Stiele fein hacken, die Hüte halbieren. Den Kerbel fein hacken.
Die Brühe erhitzen und Sellerie und die Pilzstiele darin 15 Minuten kochen lassen. Die Suppe mit dem Pürierstab oder im Mixer pürieren. Die Butter erhitzen und die Pilzhüte darin 5 Minuten braten. Die Suppe angießen und mit Muskat und etwas Salz abschmecken. Das Eigelb mit 2 EL Suppe verquirlen und mit dem Schneebesen unter die heiße, aber nicht mehr kochende Suppe ziehen. Mit dem Kerbel bestreut servieren.

Pilzrahmsuppe

400 g gemischte Pilze nach Wahl
1 EL Butter
¾ l Gemüsebrühe
200 g süße Sahne
Salz
Pfeffer
2 EL gehackte Petersilie
4 EL gehackte Nüsse

Pilze putzen, klein schneiden und in der heißen Butter anbraten. Die Hälfte der Pilze pürieren. Die Gemüsebrühe zugeben
und zum Kochen bringen. Die Sahne und die restlichen Pilze
unterrühren und mit Salz und Pfeffer pikant abschmecken. Mit
der gehackten Petersilie und gehackten Nüssen bestreut servieren.

Tipp: Pilzrahmsuppe ist ein leckeres, schnelles Gericht, bei dem
wunderbar alle Pilze, die man gepflückt oder gesucht hat,
miteinander verwenden kann. Durch die Mischung wird der
Geschmack auch jedesmal ein wenig anders.

Pilz-Kartoffel-Suppe mit Avocado

500 g Kartoffeln
200 g Petersilienwurzel
250 g Shiitake
1 Avocado (ca. 250 g)
2 EL Zitronensaft
1 l Gemüsebrühe
100 ml süße Sahne
1 EL Butter
Salz
Pfeffer
Muskat

Kartoffeln und Petersilienwurzel schälen, waschen und klein schneiden. Die Pilze putzen und halbieren. Die Avocado schälen und den Kern entfernen. Das Fruchtfleisch würfeln und mit Zitronensaft beträufeln, damit es nicht braun wird.
Kartoffeln und Petersilienwurzeln in der Gemüsebrühe 20 Minuten kochen. Dann mit einem Pürierstab oder im Mixer pürieren. Sahne dazugeben und verrühren. Die Pilze in der heißen Butter anbraten und in die Suppe geben. Die Suppe mit Salz, Pfeffer und Muskat abschmecken. Mit Avocadowürfeln anrichten.

Kartoffelsuppe mit Austernpilzen

600 g Kartoffeln
1 Bund Suppengemüse
1 große Zwiebel
2 EL Öl
1 l Gemüsebrühe
1 Lorbeerblatt
Salz
Pfeffer
200 g Austernpilze
2 EL Öl
2 Eigelb
50 ml süße Sahne
2 EL gehackte Petersilie

Die Kartoffeln schälen und fein würfeln. Das Suppengemüse ebenfalls küchenfertig vorbereiten und fein würfeln. Die Zwiebel in feine Stückchen schneiden. Das Öl in einem Topf erhitzen und Kartoffeln, Gemüse und Zwiebeln darin unter Rühren anbraten, bis sie etwas Farbe annehmen. Mit Gemüsebrühe ablöschen und mit Lorbeer, Salz und Pfeffer würzen. Bei kleiner Hitze etwa 20 Minuten köcheln lassen. Das Lorbeerblatt herausfischen.

Die Austernpilze putzen und klein schneiden. In heißem Öl in etwa 5 Minuten braten und in die Suppe geben.

Die Suppe von der Herdplatte nehmen. Das Eigelb mit der Sahne verrühren. Etwas heiße Suppe unterrühren und die Suppe damit legieren. Nicht mehr kochen lassen! Mit Petersilie bestreut servieren.

Misosuppe mit Shiitake

3 getrocknete Shiitake
100 g Tofu
1 l Wasser
3 EL Misopaste

Die getrockneten Shiitake einige Stunden in lauwarmem Wasser einweichen. Abtropfen lassen und in feine Streifen schneiden. Den Tofu grob würfeln.

Das Wasser in einem Topf zum Kochen bringen. Die Pilzstreifen darin 5 Minuten mitkochen lassen. Miso in einem Schälchen mit wenig Wasser anrühren und in das Wasser geben. Die Tofuwürfel in Suppentassen verteilen und die Suppe darauf geben.

Tipp: Miso ist eine aus fermentierten Sojabohnen, Getreide und Meersalz gewonnene cremige bis feste Paste, die als pikantes Gewürz Verwendung findet. Sie stammt ursprünglich aus Japan, ist aber durch die Verbreitung der makrobiotischen Küche mittlerweile auch bei uns in den Naturkostläden weit verbreitet. Miso enthält alle essenziellen Aminosäuren und wichtigen Mineralstoffe. Da Miso rund 12 % Salz enthält, ist ein weiteres Salzen überflüssig.

Misosuppe wird in Japan traditionell auch gerne als Frühstück gereicht.

Misosuppe mit Gemüse

100 g frische Shiitake
150 g Tofu
2 Karotten
1 Stange Lauch
100 g Zuckerschoten
¾ l Wasser
3 EL Miso
Pfeffer
evtl. etwas Sojasauce

Die Pilze putzen und in mundgerechte Stücke schneiden. Den Tofu würfeln. Karotten und Lauch in hauchdünne Scheiben schneiden. Die Zuckerschoten waschen.

Das Wasser in einem Topf erhitzen und Pilze und Tofuwürfel darin 10 Minuten köcheln lassen. Das Gemüse dazugeben und 5 Minuten mitgaren lassen.

Miso in einem Schälchen mit wenig Wasser anrühren und in das Wasser geben. Mit Pfeffer und eventuell Sojasauce abschmecken.

Shiitake-Linsen-Suppe

1 Zwiebel
1 Knoblauchzehe
200 g Shiitake
1 Stange Lauch
1 Karotte
1 rote Paprika
1 EL Öl
50 g rote Linsen
¾ l Gemüsebrühe
1 TL Essig
Sojasauce
Curry
2 Stiele Majoran

Die Zwiebel und den Knoblauch fein hacken. Die Pilze putzen und in mundgerechte Stücke schneiden. Lauch und Karotte in dünne Scheiben schneiden. Die Paprika waschen, die Kerne entfernen und würfeln.

Das Öl in einem Topf erhitzen und das Gemüse, die Pilze und die Linsen darin andünsten. Die Brühe zufügen und zum Kochen bringen. Die Hitze zurückschalten und die Suppe 15 Minuten köcheln lassen.

Mit Essig, Sojasauce und Curry abschmecken und mit Majoranblättchen garnieren.

Kerbelsuppe mit Austernpilzen

1 Zwiebel
200 g Austernpilze
2 Bund Kerbel
50 g Butter
3 EL Mehl
¾ l Gemüsebrühe
¼ l süße Sahne
Salz
Pfeffer
Muskat

Die Zwiebel fein hacken. Die Austernpilze putzen, den harten Stielansatz entfernen und die Pilze in Streifen schneiden. Den Kerbel waschen und fein hacken, einige Blättchen zum Garnieren zurücklassen.

Die Butter in einem Topf erhitzen. Die Zwiebel darin glasig dünsten. Die Pilzstreifen hinzufügen und unter Rühren etwa 3 Minuten anbraten. Das Mehl darüber stäuben und ebenfalls kurz anschwitzen. Mit etwas Brühe ablöschen. Die restliche Brühe und Sahne angießen und heiß werden lassen.

Die Suppe im Mixer oder mit einem Pürierstab pürieren. Den gehackten Kerbel unterziehen und mit Salz, Pfeffer und Muskat abschmecken. Mit Kerbelblättchen garnieren.

Tipp: Kerbelsuppe ist eine feine Suppe, die auch gut als erster Gang zu einem festlichen Menü passt.

Austernpilzsuppe mit gelbem Paprika

1 kleine Zwiebel
300 g Austernpilze
1 gelbe Paprika
3 EL Butter
4 EL Mehl
¾ l Gemüsebrühe
¼ l Sahne
Salz
Pfeffer
1 MSP Paprikapulver

Die Zwiebel fein hacken, die Austernpilze putzen und in feine Streifen schneiden. Die Paprika waschen, die Kerne entfernen und ebenfalls in feine Streifen schneiden.

Die Butter in einem Topf erhitzen und Zwiebel, Pilze und Paprikastreifen darin unter Rühren in etwa 5 Minuten andünsten. Das Mehl darüber stäuben und ebenfalls kurz anschwitzen. Mit etwas Brühe ablöschen. Die restliche Brühe und Sahne angießen und heiß werden lassen. Die Suppe bei mittlerer Hitze etwa 15 Minuten köcheln lassen. Mit Salz, Pfeffer und Paprikapulver abschmecken.

Pilzsuppe mit Käsetoast

1 kleine Zwiebel
1 Knoblauchzehe
200 g Pilze (Shiitake oder Austernpilze oder gemischt)
4 Tomaten
½ Bund Schnittlauch
2 EL Öl
¾ l Gemüsebrühe
100 g Emmentaler
2 Eier
Pfeffer
Paprika
Salz
4 Scheiben Vollkorntoast

Die Zwiebel und den Knoblauch fein hacken. Die Pilze putzen und in feine Streifen schneiden. Die Tomaten schälen, entkernen und würfeln. Den Schnittlauch hacken.

Das Öl in einem Topf erhitzen und Zwiebeln und Knoblauch darin andünsten. Die Pilze dazugeben und unter Rühren nochmals 5 Minuten dünsten. Die Tomatenwürfel dazugeben und mit Brühe auffüllen. 10 Minuten köcheln lassen.

Den Emmentaler reiben und mit den Eiern und den Gewürzen mischen. Die Toastscheiben diagonal durchschneiden und mit der Käsemasse bestreichen. Im Backofen unter dem Grill goldgelb überbacken.

Die Suppe in vier Tellern anrichten, mit jeweils zwei Käsetoasts-Dreiecken belegen und mit Schnittlauch bestreuen.

Spanische Brotsuppe mit Pilzen

1 Zwiebel
400 g Pilze (Shiitake oder Austernpilze oder gemischt)
Saft einer Zitrone
2 El Butter
200 g Brot
2 El Butter
1 l heiße Gemüsebrühe
100 ml Sahne
Salz
Pfeffer
Cayennepfeffer

Die Zwiebel fein würfeln. Die Pilze putzen und klein schneiden, mit Zitronensaft begießen. Die Butter erhitzen und die Zwiebelwürfel darin glasig dünsten. Die Pilze hinzufügen und unter Rühren bei mittlerer Hitze schmoren, bis die Flüssigkeit verdampft ist.

Das Brot entrinden und in Würfel schneiden. Butter in einer Pfanne erhitzen und die Brotwürfel darin knusprig rösten. Nun heiße Gemüsebrühe angießen und bei kleiner Hitze 10 Minuten köcheln lassen. Die Sahne und die Pilze unterrühren. Mit Salz, Pfeffer und Cayennepfeffer abschmecken.

Chinesische Pilzsuppe mit Glasnudeln

6 getrocknete Shiitake
2 Karotten
1 Stange Lauch
100 g Austernpilze
2 EL Öl (z. B. Erdnussöl)
1 l heiße Gemüsebrühe
100 g Glasnudeln
2 EL Sojasauce
Salz
weißer Pfeffer
½ TL Sambal Oelek

Die getrockneten Shiitake einige Stunden in kaltem Wasser einweichen. Dann herausnehmen und klein schneiden.

Die Gemüse putzen, waschen und in feine Streifen schneiden. Die Austernpilze putzen, den harten Stielansatz entfernen und blättrig aufschneiden.

Das Öl in einem großen Topf erhitzen und das Gemüse, Shiitake und Austernpilze darin kurz andünsten. Die Brühe hinzufügen und die Glasnudeln darin etwa 10 Minuten kochen. Mit der Sojasauce, Salz, Pfeffer und Sambal Oelek abschmecken.

Tipp: Wenn Sie nur gelegentlich exotischere Rezepte nachkochen, brauchen Sie nicht gleich die ganze Palette exotischer Zutaten zu kaufen. Verwenden Sie stattdessen ein vergleichbares Lebensmittel aus Ihrem Vorrat zu Hause. Beispielsweise neutrales Öl statt Erdnussöl, Tabasco oder Chili statt Sambal Oelek. Keine Sorge, damit outen Sie sich nicht gleich als Barbar des guten Geschmacks. Die etwas ausgefalleneren Zutaten können Sie sich immer noch nach und nach anschaffen.

Shiitake-Essenz

1 kg frische Shiitake
1 TL Salz
1,5 l Gemüsebrühe
1 Lorbeerblatt
1 TL Sojasauce
frische Petersilie

Die Pilze putzen und mit einem großen Messer oder einem Wiegemesser sehr fein hacken. Mit dem Salz mischen und zugedeckt über Nacht im Kühlschrank ziehen lassen.

Die Brühe mit dem Lorbeerblatt zum Kochen bringen und den Shiitake-Brei dazugeben. Bei schwacher Hitze etwa 1 Stunde lang köcheln lassen.

Ein Sieb mit einem Tuch auslegen und die Flüssigkeit damit abseihen. Das im Tuch aufgefangene Pilzmus noch gründlich ausdrücken, damit der maximale Geschmack herausgeholt wird.

Die Suppe mit Sojasauce abschmecken und mit frisch gehackter Petersilie garnieren.

Tipp: Shiitake-Essenz ist eine klare Suppe, die auch als Auftakt zu festlichen Menüs gereicht werden kann. Sie kann am Vortag zubereitet werden und wird zum Essen nur noch heiß gemacht und angerichtet.

Shiitake-Tomaten-Suppe

4 Tomaten
1 Zwiebel
1 Bund Suppengrün
1 EL Butter
1 l Gemüsebrühe
200 g Shiitake
1 El Öl
2 EL Kräuter

Die Tomaten waschen und achteln. Die Zwiebel hacken. Das Suppengrün putzen, waschen und zerkleinern.

Die Butter in einem Topf erhitzen und die Zwiebeln darin andünsten. Das Gemüse hinzufügen und ebenfalls kurz dünsten. Mit ¼ l der Gemüsebrühe ablöschen und bei kleiner Hitze 10 – 15 Minuten köcheln lassen. Die Suppe durch ein Sieb passieren und mit der restlichen Gemüsebrühe auffüllen. Die Suppe zum Kochen bringen.

Die Shiitake putzen und in Würfel schneiden. Das Öl in einer Pfanne erhitzen und die Pilzwürfel darin unter Rühren knusprig braten.

Die Kräuter fein hacken.

Die Suppe in Tellern anrichten, die Pilzwürfel hineingeben und mit gehackten Kräutern garnieren.

Salate

Bunter Shiitake-Salat

200 g Shiitake
1 EL Öl
100 g Feldsalat
2 Tomaten
1 gelbe Paprikaschote
100 g Schafskäse (Feta)
4 EL Pflanzenöl
1 EL Essig
1 TL Sojasauce
Salz
Pfeffer
Knoblauch nach Geschmack

Shiitake putzen und in einer Pfanne mit etwas Öl etwa 5 Minuten backen. Den Feldsalat belesen und waschen, gut abtropfen lassen. Die Tomaten waschen und von den Stielansätzen befreien, die Paprika waschen und entkernen. Tomaten, Paprika und Schafskäse in kleine Würfel schneiden.

Aus den restlichen Zutaten eine Salatsauce rühren. Die Pilze, Gemüse und den Schafskäse in eine Schüssel geben und mit der Salatsauce mischen. Gleich servieren.

Tipp: Wer rohe Paprika nicht so gut verträgt, kann die ganze Schote kurz in heißes Wasser tauchen und dann kalt abschrecken. So lässt sich die Haut leicht abziehen und die Paprika wird bekömmlicher.

Salat von Austernpilzen und grünen Bohnen

300 g junge grüne Bohnen
Salz
300 g Austernpilze
2 EL Butter
Salz
Pfeffer
5 EL Olivenöl
2 EL Essig
1 EL Crème fraîche
Salz
Pfeffer
1 kleine Zwiebel
1 EL frische Thymianblättchen

Die Bohnen waschen und die faserigen Enden abziehen. In Salzwasser 10 – 12 Minuten garen, so dass sie noch Biss haben. Die Austernpilze putzen und in Streifen schneiden. Die Butter zerlassen und die Pilzstreifen darin etwa 10 Minuten gar dünsten. Mit Salz und Pfeffer würzen.

Für die Sauce Öl, Essig und Crème fraîche glatt rühren. Mit Salz und Pfeffer würzen. Die Zwiebel fein schneiden und die Thymianblättchen fein hacken. Unter die Sauce rühren.

Bohnen und Pilze in einer Schüssel mischen und mit der Sauce vermengen.

Der Salat kann lauwarm oder auch kalt gegessen werden.

Warmer Zucchini-Austernpilz-Salat

200 g Zucchini
300 g Austernpilze
2 Knoblauchzehen
3 EL Olivenöl
5 EL Olivenöl
2 EL Zitronensaft
Salz
Pfeffer
½ Bund frischer Schnittlauch

Die Zucchini waschen und in dünne Scheiben schneiden. Die Austernpilze putzen, den harten Stielansatz herausschneiden. Die Pilze in Streifen schneiden. Den Knoblauch schälen und fein hacken.

Das Olivenöl in einer Pfanne erhitzen und die Zucchini und die Austernpilze darin unter Rühren in etwa 5 Minuten braten. Die letzte Minute den Knoblauch dazugeben und mitbraten lassen. Die Mischung in eine Schüssel geben und etwas abkühlen lassen.

In der Zwischenzeit aus Olivenöl, Zitronensaft, Salz und Pfeffer eine Salatsauce rühren. Den Schnittlauch fein schneiden und unterrühren. Über die Zucchini-Pilz-Mischung geben. Den Salat noch lauwarm servieren.

Austernpilze mit Rucola

400 g Austernpilze
4 EL Rucola
2 Knoblauchzehen
1 Scheibe Roggenbrot
2 EL Öl
Pfeffer
Salz
1 EL Zitronensaft
3 EL Olivenöl

Die Austernpilze putzen, die harten Stielansätze entfernen und in Streifen schneiden. Den Rucola waschen, trockenschleudern und in Streifen schneiden. Die Knoblauchzehen schälen, fein hacken. Das Brot gegebenenfalls entrinden und in Würfel schneiden.

Die Pilze in heißem Öl leicht anbraten. In eine Schüssel geben und mit Pfeffer, Salz und Zitronensaft würzen. Den Rucola unter die Pilze heben. In einer Pfanne das Olivenöl erhitzen und Knoblauch und Brotwürfel darin kurz andünsten. Vorsicht: Der Knoblauch brennt leicht an und schmeckt dann bitter! Das Knoblauchöl noch warm mit den Croûtons über den Salat geben.

Knoblauchpilze auf Spinat
mit verlorenen Eiern

300 g Austernpilze
Saft einer halben Zitrone
200 g frischer Spinat
3 Knoblauchzehen
2 EL Öl
Salz, Pfeffer
1 EL Balsamessig
½ TL Senf
4 EL Olivenöl
Salz, Pfeffer
2 EL Essig
4 Eier
etwas Parmesan am Stück

Die Pilze putzen und die harten Strünke abschneiden. Pilze vierteln und mit dem Zitronensaft mischen. Spinat waschen, trockenschleudern und die groben Stiele entfernen. Knoblauch schälen und pressen.

Das Öl in einer Pfanne erhitzen und die Pilze darin unter Rühren in 4 – 5 Minuten braten. In der letzten Minute den gepressten Knoblauch dazugeben und mitbraten. Mit Salz und Pfeffer würzen.

Zur Seite stellen und abkühlen lassen, bis die Pilze nur noch lauwarm sind.

Den Balsamessig mit Senf und Olivenöl zu einer Sauce verschlagen, mit Salz und Pfeffer abschmecken.

In einem großen Topf Salzwasser zum Kochen bringen. Etwas Hitze zurücknehmen, den Essig hineingeben. Die Eier einzeln in eine Tasse aufschlagen und dann in das heiße Wasser hineingleiten lassen. Nach 5 Minuten mit einem Schaumlöffel herausfischen und gut abtropfen lassen.

Den Spinat auf vier Teller geben und mit der Salatsauce beträufeln. Die Pilze auf dem Spinat anrichten und mit jeweils einem »verlorenen« Ei servieren. Grobe Späne von frischem Parmesan darüber hobeln.

Dazu schmeckt frisches Brot!

Selleriesalat mit Shiitake

200 g Knollensellerie
200 g gelbe Paprika
200 g frische Shiitake
¼ l Buttermilch
100 ml süße Sahne
3 EL Zitronensaft
2 EL Balsamessig
3 TL Senf
Salz
Pfeffer
5 EL Salatkräuter
2 EL gehackte Nüsse
Rucola

Den Knollensellerie schälen und grob raspeln. Die Paprika waschen, Kerne entfernen und in schmale Streifen schneiden. Die Pilze putzen und blättrig schneiden.

Für die Sauce Buttermilch, Sahne, Zitronensaft und Balsamessig mischen. Mit Senf, Salz und Pfeffer pikant abschmecken. Salatkräuter unterziehen.

Pilze und Gemüse in einer Schüssel mischen und mit der Sauce übergießen. Gut durchmischen und etwas durchziehen lassen. Mit gehackten Nüssen und Rucola garnieren.

Tipp: Dieser Salat eignet sich auch gut als Vorspeise zu einem festlichen Essen.

Shiitake-Brot-Salat

4 Scheiben Roggenmischbrot
2 rote Zwiebeln
1 kleiner Kopf Eissalat
200 g in Olivenöl eingelegte Shiitake (Gewicht mit Öl)
2 EL Butter
2 EL Essig
Salz
Pfeffer
Olivenöl

Das Brot in Würfel schneiden. Die Zwiebeln in feine Ringe schneiden. Den Eissalat belesen, waschen, trockenschleudern und in mundgerechte Stücke zupfen. Die Shiitake abtropfen lassen, dabei das Öl auffangen. Pilze in kleine Stücke schneiden.

Die Brotwürfel portionsweise in der heißen Butter knusprig rösten. Mit den Zwiebelringen, dem Eissalat und den Pilzen in einer Schüssel mischen. Aus Essig, Öl (aufgefangenes Öl von den eingelegten Shiitake plus Olivenöl, insgesamt 8 EL), Salz und Pfeffer eine Salatsauce rühren und den Salat damit anmachen.

Tipp: Brotsalat braucht deshalb so viel Salatsauce, weil die Brotwürfel die Sauce wie ein Schwamm aufsaugen.

Shiitake-Frühlings-Salat

4 Eier
300 g frische Shiitake
2 Handvoll frische Kräuter
200 g Sahnejoghurt, natur
1 EL Zitronensaft
1 TL Senf
Salz
Pfeffer

Die Eier hart kochen, abschrecken und etwas abkühlen lassen.
In kleine Würfel schneiden. Die Pilze putzen und klein schneiden. Die Kräuter verlesen, eventuell waschen und fein hacken.
Aus Sahnejoghurt, Zitronensaft, Senf, Salz und Pfeffer eine Salatsauce rühren. Pilze, Kräuter und Eier mischen, auf Tellern anrichten und mit der Sauce begießen.

Tipp: Im Frühling sind frische Kräuter genau das, was der Körper braucht, um die Schlacken des Winters loszuwerden. Probieren Sie einmal die jungen Blättchen von Wildkräutern wie
Löwenzahn, Brennnessel oder Sauerampfer aus. Aber sammeln
Sie nur an Stellen, von denen Sie wissen, dass sie nicht mit Dün-
gern oder Abgasen belastet sind.

Shiitake-Sommer-Salat

4 Tomaten
200 g frische Shiitake
200 g Schafskäse (Feta)
½ Salatgurke
1 rote Zwiebel
1 Knoblauchzehe
1 Zweig Rosmarin
1 Zweig Thymian
5 EL Olivenöl
1 – 2 EL Zitronensaft
Salz
Pfeffer

Die Tomaten waschen und den Stielansatz herausschneiden. Tomaten in Scheiben schneiden. Die Pilze putzen und in mundgerechte Stücke schneiden. Den Schafskäse würfeln. Die Gurke waschen und ebenfalls würfeln. Die Zwiebel in feine Ringe schneiden.

Den Knoblauch fein hacken oder durch die Presse drücken. Die Kräuter fein hacken. Olivenöl mit Zitronensaft, Salz und Pfeffer zu einer Salatsauce rühren. Knoblauch und Kräuter unterrühren.

Tomaten, Käse, Gurken und Pilze in eine großen Schüssel geben. Die Salatsauce darüber geben und gut mischen. Mit den Zwiebelringen belegt servieren.

Shiitake-Herbst-Salat

200 g Shiitake
150 g Feldsalat
100 g Walnüsse
1 kleine Zwiebel
100 g Schmand
100 g Naturjoghurt
1 EL Essig
Salz
Pfeffer

Die Pilze putzen und in Streifen schneiden. Feldsalat belesen und waschen. Die Walnüsse in einer trockenen Pfanne kurz rösten.

Die Zwiebel fein hacken. Schmand, Naturjoghurt und Essig glatt rühren. Zwiebelstückchen unterrühren und mit Salz und Pfeffer pikant abschmecken.

Pilze, Feldsalat und Nüsse in einer Schüssel mischen und mit der Sauce vermengen.

Gleich servieren.

Shiitake-Winter-Salat

300 g Wurzelgemüse (Möhren, Steckrüben usw.)
200 g Shiitake
½ Bund Petersilie
2 EL Butter
1 TL Vollrohrzucker
6 EL süße Sahne
1 TL Zitronensaft
gekörnte Brühe (ersatzweise Salz)

Das Wurzelgemüse waschen, gegebenenfalls Schälen und in feine Streifen schneiden. Die Shiitake putzen und vierteln. Die Petersilie waschen und fein hacken.
Die Butter heiß werden lassen und das Wurzelgemüse darin etwa 3 Minuten dünsten. Den Zucker hinzufügen und unter Rühren karamellisieren lassen. Zusammen mit den Pilzen und der gehackten Petersilie in eine Schüssel geben und vermengen.
Die süße Sahne mit Zitronensaft und gekörnter Brühe pikant abschmecken und über den Salat geben.

Vietnamesischer Glasnudelsalat

200 g frische Shiitake
1 kleine rote Paprikaschote
150 g eingelegte Sojasprossen
1 Bund Koriander
100 g Glasnudeln
1 EL Butter
2 cm frische Ingwerwurzel
3 EL Sojasauce
2 EL milder Reisessig (oder anderer Essig)
2 EL dunkles Sesamöl
Salz
Pfeffer

Die Pilze putzen und in schmale Streifen schneiden. Die Paprikaschote waschen, von den Kernen befreien und klein würfeln. Sojasprossen in ein Sieb geben, abspülen und abtropfen lassen. Den Koriander waschen, abzupfen und fein hacken.

Die Glasnudeln in eine Schüssel geben, mit kochendem Wasser übergießen und 10 Minuten ziehen lassen. Anschließend die Nudeln in einem Sieb abtropfen lassen und mit einer Schere klein schneiden.

Butter in einer Pfanne erhitzen und die Pilze 5 Minuten lang kräftig anbraten. Herausnehmen und abkühlen lassen.

Pilze, Paprika, Sojasprossen und Glasnudeln und den Koriander in eine Schüssel geben und vermischen.

Den Ingwer schälen und auf einer feinen Reibe reiben. Mit der Sojasauce, Essig, Sesamöl, Salz und Pfeffer gut verrühren. Die Sauce über den Salat geben und kurz durchziehen lassen.

Hauptgerichte aus der Pfanne

Austernpilze chinesisch

300 g Austernpilze
1 EL Maistärke
1 EL trockener Sherry
2 EL Sojasauce
1 Knoblauchzehe
1 Bund Frühlingszwiebeln
2 Stangen Bleichsellerie
1 Handvoll eingelegte Sojasprossen
2 EL Öl
¼ l Gemüsebrühe
Salz
Cayennepfeffer

Die Austernpilze putzen und die harten Stielansätze abschneiden. Pilze in mundgerechte Stücke schneiden. Die Speisestärke mit dem Sherry anrühren, die Sojasauce dazugeben und die Pilze damit etwa 30 Minuten marinieren.

Die Knoblauchzehe fein hacken. Die Frühlingszwiebeln in feine Ringe schneiden. Von dem Bleichsellerie die schönsten Blättchen abzupfen und zum Garnieren aufheben. Die restlichen Blätter fein hacken. Von den Selleriestangen die harten Fasern abziehen und die Stangen in Stücke von etwa ½ Zentimeter schneiden. Die Sojasprossen gut abtropfen lassen.

In einem Wok oder einer großen Pfanne das Öl erhitzen. Den Knoblauch kurz unter Rühren darin anbraten. Die restlichen Gemüse zugeben und ebenfalls unter Rühren kurz anbraten. Nun die Pilze mit der Marinade zugeben und mit der Gemüsebrühe ablöschen. 2 Minuten sautieren. Mit Salz und Cayennepfeffer abschmecken.

Mit gekochtem Reis servieren.

Austernpilze in Limetten-Chili-Sauce

300 g Austernpilze
1 grüne Chilischote
2 Knoblauchzehen
1 TL Koriander, gemahlen
1 TL Kreuzkümmel, gemahlen
1 TL Salz
2 Limetten
3 EL Olivenöl
1 Zwiebel
1 EL brauner Zucker
125 ml Gemüsebrühe

Die Austernpilze putzen, die harten Strünke abschneiden, die Pilze jedoch nicht zerkleinern.

Die Chilischote längs aufschneiden, entkernen und sehr klein schneiden. Knoblauch schälen und sehr klein hacken oder pressen. Chili, Knoblauch und die Gewürze mischen. Von einer Limette die Schale fein abreiben. Aus beiden Limetten den Saft pressen. Mit 2 EL Olivenöl zur Gewürzmischung geben. Mit einem Küchenpinsel die Pilze mit der Paste bestreichen und eine halbe Stunde durchziehen lassen.

Die Zwiebel würfeln und mit dem restlichen Olivenöl in einer Pfanne anschmoren. Den Zucker dazugeben und karamellisieren lassen. Die marinierten Pilze hineingeben, mit der Gemüsebrühe ablöschen und noch 5 Minuten schmoren lassen. Dabei ständig weiterrühren.

Tipp: Austernpilze in Limetten-Chili-Sauce mit einer Beilage und einem Salat als Mittagessen reichen. Schmeckt aber auch toll in Tacos gefüllt als Abendessen oder zu einer Party.

Austernpilze mit Salbei

400 g Austernpilze
12 frische Salbeiblätter
2 Knoblauchzehen
1 Zitrone
3 EL Butter
Salz
Pfeffer

Die Austernpilze putzen und die harten Stielansätze entfernen.
Die Salbeiblättchen säubern. Den Knoblauch schälen und fein
hacken. Die Zitrone auspressen.
Die Butter in einer Pfanne erhitzen und die Pilze darin unter
Rühren 4 – 5 Minuten braten. Den Knoblauch und die ganzen
Salbeiblätter dazugeben und kurz mitbraten lassen. Mit dem Zi-
tronensaft begießen und mit Salz und Pfeffer würzen.
Mit Bandnudeln servieren.

Tipp: Für dieses Gericht eignet sich nur frischer Salbei. An einem heißen Sommertag, wenn er die meisten Aromastoffe hat,
frisch geerntet schmeckt er natürlich am besten.

Pilzbratlinge

400 g Pilze
1 altbackenes Brötchen
1 Bund Petersilie
100 g mittelalter Gouda
1 Knoblauchzehe
1 Ei
2 EL Mehl
Salz
Pfeffer

Die Pilze putzen und sehr fein hacken. Das altbackene Brötchen in lauwarmem Wasser einweichen und gut ausdrücken. Die Petersilie waschen, trockenschleudern und ebenfalls fein hacken. Den Käse fein reiben. Knoblauch pressen.

Alle Zutaten gut miteinander verkneten. Sollte der Teig noch zu feucht sein, zusätzlich noch etwas Mehl oder Semmelbrösel untermischen. Mit Salz und Pfeffer würzen. Acht Bratlinge aus dem Teig formen und in etwas Öl in einer Pfanne bei mittlerer Hitze backen.

Tipp: Zu Pilzbratlingen schmeckt gut eine cremige Sauce. Rühren Sie zum Beispiel 150 g Crème fraîche und 150 g Naturjoghurt glatt, würzen mit etwas Zitronensaft und Salz und geben fein gehackte Kräuter dazu.

Shiitake in Kokos-Curry-Sauce

300 g Shiitake
2 grüne Chilischoten
100 g Kokosstreusel
¼ l warmes Wasser
2 TL Maisstärke
1 Gemüsezwiebel
1 Stück frische Ingwerwurzel (ca. 2 cm)
4 EL Erdnussöl
1 TL Curry
2 EL Sojasauce
Salz
Pfeffer

Die Pilze putzen und in mundgerechte Stücke schneiden. Die Chilischoten längs aufschneiden, unter fließendem Wasser entkernen und in sehr feine Streifen schneiden. Die Kokosstreusel mit dem warmen Wasser verrühren, die Speisestärke ebenfalls darin auflösen. Die Zwiebel schälen, halbieren und in feine Ringe schneiden. Den Ingwer schälen und fein reiben oder hacken. In einem Wok oder einer großen Pfanne das Öl erhitzen und die Zwiebel darin unter Rühren andünsten. Chilis und Ingwer dazugeben. Die Kokospaste angießen und mit den Gewürzen abschmecken. Die Pilze unterrühren und bei kleiner Hitze 5 Minuten darin ziehen lassen.
Mit Reis servieren.

Tipp: Bei den Chilischoten sitzt die meiste Schärfe in den Trennwänden und den Kernen. Nach dem Entkernen der Chilis die Hände sehr gründlich waschen! Sonst kann es schon mal passieren, dass Augen oder Schleimhäute beim Kontakt mit den Händen stark brennen.

Shiitake in Dill-Senf-Sahne

400 g Shiitake
2 Bund Dill
1 Zitrone
2 EL Öl
125 ml Gemüsebrühe
200 g Crème fraîche
2 TL scharfer Senf
Salz
Pfeffer

Die Pilze putzen und in mundgerechte Stücke schneiden. Den Dill von den Stielen zupfen und fein hacken. Den Zitronensaft auspressen.

Das Öl in einer großen Pfanne erhitzen und die Pilze darin 4 – 5 Minuten braten. Den Zitronensaft, Brühe und Crème fraîche dazugeben und gut verrühren. Mit Senf, Salz und Pfeffer abschmecken. Den gehackten Dill unterrühren.

Dazu passen gut junge Kartoffeln.

Schupfnudelpfanne

400 g Pilze
2 Stangen Lauch
500 g Möhren
4 EL Butter
1 kg Schupfnudeln
Salz
Pfeffer

Die Pilze putzen und in mundgerechte Stücke schneiden. Lauch putzen, längs aufschneiden, gründlich waschen und mit dem zarten Grün in feine Ringe schneiden. Die Möhren waschen und in feine Stifte oder Scheiben schneiden.

In einer großen Pfanne die Hälfte der Butter erhitzen und Pilze und Gemüse darin unter Rühren 5 – 8 Minuten braten. Die Möhren sollten noch »bissfest« sein. In einer zweiten Pfanne die restliche Butter erhitzen und die Schupfnudeln darin in etwa 5 Minuten goldbraun backen. In einer vorgewärmten Schüssel mit dem Pilzgemüse mischen und mit Salz und Pfeffer herzhaft abschmecken.

Tipp: Schupfnudeln können Sie in Bioqualität fertig kaufen. Wenn Sie sie lieber selbst zubereiten möchten, hier ein Rezept: 750 g mehlig kochende Kartoffeln in der Schale weich kochen, schälen und durch die Presse drücken. Abkühlen lassen. Mit 2 Eiern, 1 TL Salz, Muskat und Pfeffer mischen und mit 125 g Mehl zu einem glatten Teig verkneten. Mit bemehlten Händen zu Schupfnudeln formen (Größe und Dicke wie ein kleiner Finger, an den Enden spitz zulaufend). Schupfnudeln in heißem Salzwasser 2 Minuten ziehen lassen. Abschütten, kalt abschrecken und gut abtropfen lassen. Vor dem Servieren in Butter goldbraun backen.

Rührei mit Shiitake

400 g Shiitake
8 Eier
100 ml Mineralwasser
Salz
Pfeffer
1 Bund Petersilie
2 EL Butter

Die Shiitake putzen und klein schneiden. Eier und Mineralwasser verquirlen und mit Salz und Pfeffer würzen. Die Petersilie fein hacken und unter die Eiermasse rühren, dabei etwa 1 EL zum Garnieren zurücklassen. In einer großen Pfanne die Butter erhitzen und die Shiitake unter Rühren etwa 5 Minuten braten. Die Eiermasse darüber gießen und so lange weiterbraten, bis die Eier gestockt sind.
Mit gehackter Petersilie bestreuen und sofort servieren.
Schmeckt gut zu Butterbrot oder gekochten Kartoffeln.

Chapatis mit Pilzcurry

200 g Kichererbsenmehl
1 TL Salz
½ TL Kreuzkümmel, gemahlen
½ TL Koriander, gemahlen
1 EL Öl
etwa 100 ml lauwarmes Wasser
300 g Pilze
1 EL Öl
200 g Crème fraîche
1 TL Kreuzkümmel, gemahlen
1 TL Koriander, gemahlen
1 TL Gelbwurz
1 TL Salz

Das Kichererbsenmehl mit den Gewürzen und dem Öl mischen und mit so viel Wasser verkneten, dass ein fester, geschmeidiger Teig entsteht. Einige Stunden ruhen lassen.

Die Pilze putzen und klein schneiden. In einer Pfanne in Öl etwa 5 Minuten braten. Crème fraîche unterrühren. Kreuzkümmel, Koriander, Gelbwurz und Salz in einem Schälchen mischen und ebenfalls unterrühren.

Den Teig in vier Portionen aufteilen und auf einer bemehlten Fläche möglichst dünn ausrollen. Eine trockene Pfanne bei mittlerer Hitze heiß werden lassen und die Teigfladen nacheinander jeweils von beiden Seiten etwa 1 Minute backen. Während des Backens mit dem Bratenwender rundherum leicht auf die Ränder drücken. Dadurch entstehen kleine Luftblasen, die das Gebäck lockern. Die gebackenen Chapatis in ein Tuch einschlagen, bis alle fertig sind.

Das Pilzcurry zu den gebackenen Chapatis reichen.

Shiitake-Tomaten-Toast

300 g Shiitake
1 Zwiebel
4 Tomaten
1 EL Butter
Rosmarin
Salz
Pfeffer
4 Vollkorntoast
Butter

Die Shiitake putzen und klein schneiden. Die Zwiebel fein hacken. Die Tomaten kurz in kochendes Wasser tauchen und kalt
abschrecken, dann häuten. Die Kerne entfernen und das Fruchtfleisch in kleine Würfel schneiden.
In einer Pfanne die Butter erhitzen und die Pilze und die Zwiebel darin anbraten. Kräftig mit Rosmarin würzen und mit Salz
und Pfeffer abschmecken. Die Tomaten dazugeben und noch
kurz weiterdünsten.
Den Vollkorntoast im Toaster rösten, auf Teller geben und die
Shiitake-Tomaten-Mischung darauf anrichten.

Austernpilzschnitzel mit Joghurtsauce

400 g möglichst große Austernpilze
1 Ei
Salz
Pfeffer
2 EL gemahlene Mandeln
2 EL Semmelbrösel
2 EL Öl
150 ml Naturjoghurt
2 EL gehackte frische Kräuter
Zitronensaft
Salz
Pfeffer

Die Austernpilze putzen und die harten Stielansätze entfernen.
Die Pilze nicht zerkleinern! Das Ei in einem tiefen Teller verquir-
len und mit Salz und Pfeffer würzen. Mandeln und Semmelbrö-
sel in einem tiefen Teller mischen.
Die Pilze zuerst im Ei und dann in der Mandel-Brösel-Mischung
wenden, Panade gut andrücken.
In einer Pfanne das Öl erhitzen und die Pilze darin von beiden
Seiten goldbraun braten. Das überflüssige Fett auf Küchenpapier
kurz abtropfen lassen.
Den Naturjoghurt mit den frischen Kräutern verrühren und mit
Zitronensaft, Salz und Pfeffer pikant abschmecken.
Die Pilzschnitzel auf Tellern anrichten und mit der Joghurtsauce
servieren.

Austernpilzpfanne Bauernart

300 g Austernpilze
250 g Karotten
250 g Kartoffeln
3 Schalotten
2 Knoblauchzehen
½ Bund Petersilie
4 EL Öl
125 ml Gemüsebrühe
4 EL Crème fraîche
1 Bund Petersilie
Salz
Pfeffer

Die Austernpilze putzen, die harten Stielansätze entfernen und die Pilze in mundgerechte Stücke schneiden. Die Karotten schälen, waschen und in dünne Scheiben schneiden. Die Kartoffeln schälen und in ganz kleine Würfel schneiden. Die Schalotten schälen und vierteln. Knoblauch schälen und fein hacken. Die Petersilie waschen und fein hacken.

Öl in einer großen Pfanne erhitzen. Zwiebeln und Knoblauch darin andünsten. Karotten, Kartoffeln und Pilze zufügen und unter Rühren rundherum anbraten. Mit der Gemüsebrühe darin auflösen. Zugedeckt bei mittlerer Hitze 10 Minuten schmoren. Die Crème fraîche und die gehackte Petersilie unterrühren und mit Salz und Pfeffer herzhaft würzen. Heiß servieren.

Sauerkraut-Pilz-Pfanne

1 Zwiebel
1 mittelgroße Zucchini
1 rote Paprika
300 g Austernpilze
300 g Sauerkraut
3 EL Öl
125 ml Gemüsebrühe
Salz
Pfeffer

Die Zwiebel fein schneiden. Die Zucchini waschen und in dünne Scheiben schneiden. Die Paprika waschen, das Kerngehäuse entfernen und in feine Streifen schneiden. Die Austernpilze putzen, die harten Stielansätze entfernen und die Pilze in mundgerechte Stücke schneiden. Das Sauerkraut auf einem Sieb gut abtropfen lassen.
Das Öl in einer großen Pfanne erhitzen und die Zwiebeln darin glasig dünsten. Gemüse, Pilze und Sauerkraut zufügen und mit der Brühe ablöschen. Bei mittlerer Hitze noch 10 Minuten köcheln lassen. Mit Salz und Pfeffer abschmecken.

Tofu-Pilz-Pfanne

4 EL Sojasauce
4 EL Wasser
150 g Tofu
250 g eingelegte Sojasprossen
300 g frische Shiitake
Sesamöl (oder neutrales Speiseöl)
süße Chilisauce
Sherry (nach Geschmack)

Sojasauce und Wasser mischen. Den Tofu würfeln und in der Sojasauce etwa 1 Stunde einlegen.
Die Sojasprossen gut abtropfen lassen.
Die Shiitake putzen und in feine Scheiben schneiden.
In einem Wok oder einer möglichst großen Pfanne das Öl erhitzen und die Pilze unter Rühren einige Minuten sautieren. Die Sojasprossen dazugeben und kurz mitdünsten. Alles an den Rand des Woks bzw. der Pfanne schieben.
Den Tofu mit etwas Öl ebenfalls anbraten und alles vorsichtig vermengen.
Mit Chilisauce und Sherry abschmecken.
Mit Reis servieren.

Shiitake in Gorgonzolasauce

300 g frische Shiitake
Öl
150 g Gorgonzola
200 g Schmand

Die Pilze putzen und in dünne Scheiben schneiden. In einer Pfanne mit etwas Öl anbraten. Die Pilze zur Seite schieben. Den Gorgonzola grob würfeln und dazugeben. Mit einer Gabel die Käsestückchen zerdrücken. Unter Rühren den Käse zum Schmelzen bringen. Den Schmand dazugeben und ebenfalls gut unterrühren.

Mit Hartweizennudeln wie Rigatoni oder Penne und einem grünen Salat servieren.

Tipp: Shiitake in Gorgonzolasauce ist ein schnelles, einfaches Gericht, das dennoch ganz raffiniert schmeckt. Wem der etwas strenge Geschmack des Gorgonzola zu deftig ist, der kann einen etwas milderen Edelpilzkäse verwenden.

Pilz-Bruschetta

1 Zwiebel
2 Knoblauchzehen
1 rote Paprikaschote
200 g Austernpilze
3 EL Olivenöl
Salz
Pfeffer
2 EL Petersilie
ca. 500 g Ciabatta (italienisches Brot)
Parmesan

Die Zwiebel und den Knoblauch fein hacken. Die Paprika waschen, die Kerne entfernen und klein würfeln. Die Pilze putzen und klein schneiden.
Das Öl in einer Pfanne erhitzen. Zwiebeln, Knoblauch, Paprika und Pilze darin etwa 5 Minuten andünsten. Mit Salz und Pfeffer würzen und die frische Petersilie dazugeben. Das Brot in Scheiben schneiden und im Toaster oder im Backofen etwas anrösten. Die Pilzmischung darauf geben und etwas frischen Parmesan darüber hobeln.

Tipp: Bruschetta ist in Italien eine typische Vorspeise oder wird gerne auch als kleiner Imbiss zwischendurch gereicht. Sollten Sie kein frisches Ciabatta bekommen, können Sie auch in Scheiben geschnittenes Sauerteigbrot nehmen.

Austernpilze im Teigmantel

300 g Austernpilze
Salz
Pfeffer
125 g Vollkornmehl
2 Eier
125 ml Milch
125 ml Wasser
1 EL gehackte Petersilie
1 MSP Salz
Öl

Die Pilze putzen, die harten Stielansätze entfernen. Die Pilze aber nicht zerkleinern.
Mit Salz und Pfeffer würzen.
Aus Mehl, Eiern, Milch, Wasser, Petersilie und Salz einen Teig bereiten.
In einer nicht zu breiten Pfanne reichlich Fett erhitzen. Die Pilze so durch den Teig ziehen, dass sie ganz damit bedeckt sind und portionsweise im heißen Öl goldbraun ausbacken.
Heiß servieren!

Polenta-Sandwich

1 Knoblauchzehe
1 l Gemüsebrühe
250 g Maisgrieß (Polenta)
500 g Austernpilze
1 Zwiebel
1 Fleischtomate
200 g Mozzarella
2 EL Olivenöl
Salz
Pfeffer
1 EL frische Thymianblättchen
2 EL Olivenöl
100 g Schmand

Den Knoblauch schälen und pressen oder sehr fein hacken. Die Brühe zum Kochen bringen. Knoblauch und Maisgrieß einrühren und bei kleiner Hitze unter Rühren 5 Minuten kochen lassen. Vom Herd nehmen und noch 10 Minuten quellen lassen. Den Brei auf ein mit Wasser abgespültes Holzbrett einen Zentimeter hoch verstreichen. Abkühlen lassen.

Die Austernpilze putzen, die harten Stielansätze entfernen und klein schneiden. Die Zwiebel fein hacken. Die Fleischtomate waschen, den Stielansatz entfernen und das Fruchtfleisch würfeln. Den Mozzarella in Würfel schneiden.

Das Öl erhitzen und darin die Pilze und die Zwiebel in 5 Minuten andünsten. Die Tomate hinzufügen. Mit Salz, Pfeffer und Thymian abschmecken.

Die Polenta in Rauten schneiden und in heißem Olivenöl von beiden Seiten knusprig braten. Jeweils eine Raute mit Pilzmasse belegen, einen Klecks Schmand darauf geben und mit einer weiteren Raute belegen.

Shiitakerisotto

1 Zwiebel
250 g frische Shiitake
1 Bund Petersilie
2 EL Öl
250 g Reis
¾ l Gemüsebrühe
2 EL Butter
50 g Parmesan, gerieben
50 g Bergkäse, gerieben

Die Zwiebel fein hacken. Die Shiitake putzen und in feine Streifen schneiden. Die Petersilie fein hacken.

Das Öl in einem Topf erhitzen und die Zwiebel darin andünsten. Den Reis dazugeben und unter Rühren in 5 Minuten glasig werden lassen. Gemüsebrühe zugießen und zugedeckt 25 Minuten auf kleinster Hitze ausquellen lassen. Shiitake und Petersilie dazugeben und weitere 5 Minuten köcheln lassen. Das Risotto mit einer Gabel lockern, Butter, Parmesan und Bergkäse untermischen. In einer vorgewärmten Schüssel servieren.

Tipp: Verwenden Sie für Risotto am besten Rundkornreis. Dieser Reis gibt beim Kochen besonders viel Stärke an das Kochwasser ab und wird dadurch relativ weich.

Dieses Grundgericht können Sie noch mit allem, was Küche und Keller hergibt, aufpeppen. Experimentieren Sie mit Kräutern und Gewürzen, geben Sie verschiedene Gemüse dazu, bei Risotto ist erlaubt, was gefällt. Wichtig ist nur, dass der Reis seine typisch cremige Konsistenz bekommt.

Möhren-Mandel-Reis mit Zwiebelpilzen

300 g Möhren
1 EL Butter
75 g Mandelstifte
½ TL Rohrzucker
200 g Reis
¾ l Gemüsebrühe
300 g Pilze (Austernpilze oder frische Shiitake)
2 große Gemüsezwiebeln
2 EL Butter
Salz, Pfeffer
frische Petersilie

Die Möhren waschen und in feine Streifen schneiden. 1 EL Butter in einem Topf erhitzen und die Möhren darin bei mittlerer Hitze kurz andünsten. Die Mandeln und den Zucker dazugeben und unter Rühren karamellisieren lassen. Den Reis einrühren und glasig dünsten. Mit Brühe aufgießen und zugedeckt bei schwacher Hitze 25 bis 40 Minuten (je nach Reissorte) köcheln lassen.

In der Zwischenzeit die Pilze putzen und die harten Stielansätze entfernen. Die Pilze in mundgerechte Stücke schneiden. Die Gemüsezwiebeln schälen, halbieren und in feine Scheiben schneiden. In einer Pfanne 2 EL Butter erhitzen und Pilze und Zwiebeln darin andünsten. Kräftig mit Salz und Pfeffer würzen.

Den Reis auf einer Platte kuppelförmig drapieren und die Zwiebelpilze außen herum anrichten. Mit gehackter Petersilie bestreuen.

Shiitake mit Hirse

½ l Wasser
Salz
Curry
200 g Hirse
2 große Zwiebeln
300 g Shiitake
2 EL Öl
Pfeffer
Salz
Majoran
1 EL Sojasauce
125 ml süße Sahne

Das Wasser mit den Gewürzen zum Kochen bringen. Die Hirse hineingeben und auf kleinster Hitze 20 Minuten quellen lassen. Die Zwiebeln schälen und in Ringe schneiden. Die Shiitake putzen und in mundgerechte Stücke schneiden.

Das Öl in einer großen Pfanne erhitzen und Zwiebelringe und Pilze darin 5 Minuten unter Rühren dünsten. Mit Pfeffer, Salz, Majoran und Sojasauce kräftig würzen. Die Sahne unterziehen. Nach Belieben gleich mit der Hirse mischen oder getrennt servieren.

Einfache Shiitakepfannkuchen

300 g Shiitake
1 Zwiebel
2 EL Butter
Salz
½ Bund Petersilie
4 Eier
4 EL Mehl
100 ml Milch
Salz

Die Shiitake putzen und in feine Streifen schneiden. Die Zwiebel fein hacken. Die Butter in einer Pfanne erhitzen und die Zwiebel darin glasig dünsten. Die Pilzstreifen dazugeben und unter Rühren 3 Minuten mitdünsten. Mit Salz würzen.
Die Petersilie fein hacken. Aus den Eiern, Mehl und der Milch einen Teig rühren. Mit Salz würzen und die Petersilie dazugeben. In einer Pfanne etwas Butter erhitzen und ¼ der Pilzmasse hineingeben. Etwa ¼ des Teiges darauf gießen und von beiden Seiten goldgelb backen. Pfannkuchen warm halten, bis die anderen Pfannkuchen auf die gleiche Weise gebacken sind. Gleich servieren!

Shiitakepuffer

200 g Shiitake
400 g Kartoffeln
1 große Zwiebel
1 Ei
Salz
1 EL Petersilie
Fett zum Backen

Die Shiitake putzen und in kleine Würfel schneiden. Die Kartoffeln und die Zwiebel schälen und beides fein reiben. Pilze und Gemüse in eine Schüssel geben, ein Ei unterrühren und mit Salz und fein gehackter Petersilie würzen.

Fett in einer schweren Pfanne erhitzen und den Pufferteig esslöffelweise hineingeben. Die Teighäufchen dünn ausstreichen und von beiden Seiten goldbraun ausbacken.

Tipp: Auf jedem Teller zwei gedünstete Birnenhälften gefüllt mit Preiselbeerkompott dekorieren und mit den Shiitakepuffern servieren.

Panierte Shiitakehüte mit Avocado-Dip

2 reife Avocados
1 Zwiebel
2 Tomaten
Zitronensaft
Salz
Pfeffer
Tabasco
8 große Shiitakehüte (Stiele anderweitig verwenden)
1 Ei
Salz
60 g Semmelbrösel
2 EL Öl

Für den Dip die Avocados halbieren und die Kerne entfernen. Mit einem Löffel das Fruchtfleisch herauslösen, in eine Schüssel geben und mit einer Gabel zermusen. Die Zwiebel fein hacken, die Tomaten in kleine Würfel schneiden und zur Avocado dazugeben. Mit Zitronensaft und den Gewürzen pikant abschmecken. Die Shiitakehüte putzen. Das Ei in einem tiefen Teller verquirlen und mit Salz und Pfeffer würzen. Semmelbrösel ebenfalls auf einen tiefen Teller geben. Die Pilze zuerst im Ei, dann in den Semmelbröseln wenden, Panade gut andrücken.
In einer Pfanne das Öl erhitzen und die Pilze darin von beiden Seiten goldbraun braten. Das überflüssige Fett auf Küchenpapier kurz abtropfen lassen.

Fritierte Austernpilze

400 g Austernpilze
5 EL Mehl
1 Ei
Salz
Paprikapulver
Wasser
Fritierfett

Die Austernpilze putzen, die harten Stielansätze entfernen. Pilze in nicht zu kleine Stücke teilen.

Aus Mehl, Ei, Salz und Paprika einen Teig rühren. So viel Wasser unterrühren, dass der Teig zwar geschmeidig, aber nicht zu dünnflüssig ist.

Das Fritierfett in einer Friteuse oder einem hohen Topf erhitzen. Es ist heiß genug, wenn an einem hineingetauchten Kochlöffelstiel Bläschen aufsteigen.

Die Pilzstücke ganz in den Teig hineintauchen und portionsweise im heißen Fett etwa 3 Minuten ausbacken.

Dazu schmecken ein Mayonnaise-Dip, frischer Salat und frisches Brot!

Backofengerichte

Shiitake-Lauch-Quiche

200 g Weizenmehl
150 g Magerquark
80 g weiche Butter oder Margarine
½ TL Salz
400 g Shiitake
150 g Lauch
Öl
200 g Schmand
2 Eier
Thymian
Muskat
Pfeffer
Salz
etwas Fett für die Form

Den Backofen auf 200 °C vorheizen. Aus Weizenmehl, Quark, Butter und Salz einen geschmeidigen Teig kneten und eine halbe Stunde kühl stellen.

In der Zwischenzeit Pilze putzen. Lauch putzen, längs aufschneiden, gründlich waschen und mit dem zarten Grün in feine Ringe schneiden. Die Pilze in etwas Öl 5 – 8 Minuten andünsten, Lauch dazugeben und noch etwas mitbraten. Die Pfanne vom Herd nehmen und etwas abkühlen lassen. Schmand und Eier verquirlen, mit den Gewürzen abschmecken und zu den Pilzen geben. Den Boden einer Springform (Durchmesser 26 cm) fetten. Den Teig ausrollen, in die Springform geben und einen Rand von etwa 1,5 cm Höhe formen. Mit einer Gabel Löcher in den Teig stechen. Die Pilzmasse auf dem Teigboden verteilen und die Quiche etwa 30 Minuten backen.

Tipp: Die Quiche kann warm oder kalt serviert werden.

Gefüllte Pfannkuchen mit Austernpilzen

1 Zwiebel
1 Knoblauchzehe
400 g Austernpilze
½ Bund frische Petersilie
100 g Bergkäse
1 EL Butter
125 g Sahne
Salz
Pfeffer
100 g Mehl
¼ l Wasser
Salz
3 Eier
Öl

Den Backofen auf 180 °C vorheizen.

Die Zwiebel fein schneiden, den Knoblauch hacken. Die Austernpilze putzen und den harten Stielansatz abschneiden. In kleine, mundgerechte Stücke schneiden. Die Petersilie waschen und klein schneiden. Den Bergkäse reiben.

Einen Esslöffel Butter erhitzen und darin die Zwiebeln glasig dünsten. Den Knoblauch und die Pilze dazugeben und unter Rühren noch etwa 5 Minuten mitbraten. Die Sahne und die Hälfte des Käses dazugeben und mit Salz und Pfeffer pikant abschmecken. Etwas abkühlen lassen und die gehackte Petersilie unterrühren.

Aus Mehl, Wasser, Salz und Eiern einen Pfannkuchenteig anrühren. In einer Pfanne ganz wenig Öl erhitzen und darin acht Pfannkuchen backen.

Jeweils etwas Füllung auf einen Pfannkuchen geben und den Pfannkuchen vorsichtig aufrollen. Die gefüllten Pfannkuchen in eine Auflaufform legen und mit dem restlichen Käse bestreuen. In 15 – 20 Minuten backen.

Kartoffeltorte mit Pilzen

750 g Kartoffeln
175 g Mehl
Salz
1 Zwiebel
300 g Pilze
½ Bund Petersilie
150 g Bergkäse
2 EL Butter
3 Eier
200 g Schmand
1 Eigelb
3 EL Milch

Den Backofen auf 180 °C vorheizen.

Die Kartoffeln in etwas Wasser gar kochen. Etwas abkühlen lassen und schälen. Die Kartoffeln noch warm durch eine Kartoffelpresse drücken. Mit Mehl und Salz zu einem glatten Teig verkneten. Eine Pieform (oder eine andere flache Form, Durchmesser 28 cm) mit dem Teig auslegen und einen Rand formen.

Die Zwiebel fein hacken. Die Pilze putzen und in mundgerechte Stücke schneiden. Die Petersilie waschen und fein hacken. Den Bergkäse reiben.

Die Butter erhitzen und die Zwiebel darin glasig dünsten. Die Pilze zufügen und unter Rühren etwa 5 Minuten mitbraten. Abkühlen lassen und auf dem Kartoffelteig verteilen.

Die Eier mit dem Schmand glatt rühren und den geriebenen Bergkäse sowie die gehackte Petersilie unterziehen. Die Masse über die Pilze geben.

Das Eigelb mit der Milch verquirlen und den Teigrand damit bestreichen.

Die Kartoffeltorte etwa 40 Minuten backen.

Pfannkuchen-Pilz-Torte

1 Zwiebel
1 Knoblauchzehe
300 g Shiitake
1 EL Öl
100 ml Sahne
Salz
Pfeffer
100 g Käse
250 g Quark
2 Eier
125 g Mehl
4 Eier
½ l Milch
Butter zum Bestreichen der Form

Die Zwiebel und den Knoblauch fein hacken. Die Pilze putzen und in schmale Streifen schneiden. Öl in einer Pfanne erhitzen und Zwiebel, Knoblauch und Pilze unter Rühren in 5 – 8 Minuten andünsten. Die Sahne angießen und mit Salz und Pfeffer würzen.

Den Käse reiben und mit dem Quark und den Eiern verrühren. Für die Pfannkuchen Mehl, Eier und Milch verrühren und etwa 15 Minuten quellen lassen. Aus dem Teig vier Pfannkuchen backen.

Eine runde Auflaufform fetten. Nun abwechselnd Pfannkuchen, Pilzfüllung und Quarkmasse einschichten, mit Quark abschließen. Im Backofen bei 180 °C 20 Minuten backen.

Gorgonzola-Austernpilz-Torte

400 g Austernpilze
1 EL Butter
200 ml süße Sahne
150 g Gorgonzola
2 Eier
250 g Mehl
½ TL Salz
30 ml Öl
100 ml lauwarmes Wasser
1 Pck. Hefe
50 g Mandelblättchen

Austernpilze putzen, die harten Stielansätze entfernen und die Pilze in Streifen schneiden. Die Butter in einer Pfanne erhitzen und die Pilze darin andünsten. Die Sahne angießen und den Blauschimmelkäse in kleinen Stückchen dazugeben. Unter Rühren den Käse in der heißen Sahne schmelzen. Vom Herd nehmen und abkühlen lassen. Die Eier verquirlen und unter die Pilzmasse ziehen.

Mehl, Salz, Öl, Wasser und Hefe zusammen in eine Schüssel geben und zu einem geschmeidigen Teig verkneten. Der Teig darf nicht mehr kleben, sollte aber auch nicht zu trocken sein. Der Teig muss nicht mehr gehen, sondern kann gleich weiterverarbeitet werden. Teig ausrollen und eine Springform (28 cm) damit auslegen und einen Rand von 2 cm hochziehen. Den Teig mit einer Gabel mehrfach einstechen.

Die Pilzmasse auf dem Teigboden verteilen und mit Mandelblättchen bestreuen. Im vorgeheizten Backofen bei 170 °C etwa 20 Minuten backen, bis die Masse fest geworden ist.

Austernpilze mit Schafskäse in Blätterteig

400 g Austernpilze
1 rote Paprika
Knoblauch
2 EL Öl
Basilikum
Salz
Pfeffer
4 Platten TK-Blätterteig
200 g Schafskäse
1 Eigelb
Milch

Die Austernpilze putzen, die harten Stielansätze entfernen und die Pilze klein schneiden. Die Paprika waschen und das Kerngehäuse entfernen. Paprika würfeln. Den Knoblauch fein würfeln. Das Öl in einer Pfanne erhitzen und zuerst den Paprika kurz anbraten. Die Pilze hinzufügen und etwa 3 – 5 Minuten mitbraten. Den Knoblauch und die Gewürze dazugeben und kurz mit sautieren.

Die Blätterteigplatten laut Packungsanweisung kurz auftauen lassen und halbieren. Auf einer bemehlten Fläche mit einem Nudelholz etwas ausrollen und auf ein Backblech legen. (Das Backblech vorher mit kaltem Wasser abspülen oder Backtrennpapier benutzen.) Das Pilzpaprikagemüse gleichmäßig auf den Platten verteilen. Den Schafskäse würfeln und auf das Gemüse geben.

Bei jeder Blätterteigtasche alle vier Ecken in der Mitte zusammendrücken und die Taschen so schließen. Das Eigelb mit etwas Milch verquirlen und die Teigtaschen damit bestreichen.

Im vorgeheizten Backofen bei 175 °C 15 – 20 Minuten backen.

Pilz-Zwiebel-Pizza

250 g Mehl
1 TL Salz
1 Pck. Hefe
100 ml lauwarmes Wasser
30 ml Öl
300 g Shiitake oder Austernpilze
2 große Gemüsezwiebeln
1 Knoblauchzehe
200 ml passierte Tomaten
Salz
Oregano
Tabasco
200 g Bergkäse
evtl. etwas Fett für das Blech

Den Backofen auf 180 °C vorheizen.

Aus Mehl, Salz, Hefe, Wasser und Öl einen geschmeidigen Teig kneten.

Die Pilze putzen und in mundgerechte Stücke schneiden. Die Gemüsezwiebel schälen, in Ringe schneiden und kurz mit kochendem Wasser blanchieren. Den Knoblauch schälen und sehr fein würfeln. Die passierten Tomaten mit Knoblauch, Salz, Oregano und einem Spritzer Tabasco würzen. Den Käse fein reiben. Ein Backblech fetten oder mit Backpapier auslegen. Den Teig darauf ausrollen. Mit einer Gabel mehrmals einstechen. Die Tomatensauce darauf verstreichen. Die Pilze und Zwiebelringe darauf verteilen. Mit dem geriebenen Käse bestreuen.

Die Pizza etwa 20 Minuten backen.

Tipp: Diese Pizza ist auch in größeren Mengen schnell gemacht, da der Teig nicht extra gehen muss. Probieren Sie die Pizza auch mit einem anderen Belag aus!

Kürbis mit Austernpilzragout

2 kleine Kürbisse, z. B. Pattison
Salz
Öl
1 große Zwiebel
300 Gramm Austernpilze
2 EL Butter
1 TL Kreuzkümmelsamen
Salz
Pfeffer
2 Eier
100 ml Sahne
Salz
1 EL frischer oder 1 TL getrockneter Thymian

Die Kürbisse der Länge nach halbieren und die Kerne mit einem großen Löffel entfernen. Mit Salz bestreuen und ziehen lassen, bis sich in der Mitte der Saft sammelt. Den Saft abgießen und die Kürbishälften mit Öl bestreichen. Im vorgeheizten Backofen bei 180 °C eine halbe Stunde backen.

Die Zwiebel in feine Ringe schneiden. Die Austernpilze putzen, die harten Stielansätze entfernen und in Streifen schneiden. Die Butter in einer Pfanne erhitzen und die Zwiebeln und den Kreuzkümmel dazugeben und glasig dünsten. Die Pilze dazugeben und braten, bis die Flüssigkeit verkocht ist. Mit Salz und Pfeffer abschmecken und etwas abkühlen lassen.

Die Eier und die Sahne verrühren und mit Salz und Thymian würzen. Die Pilz-Zwiebel-Pfanne unterrühren und die Masse in die Kürbisse füllen. Nochmals für etwa 10 – 15 Minuten in den Backofen schieben, bis die Eiermasse gestockt ist.

Mit einem frischen Salat servieren.

Tipp: Sie können dieses Gericht auch mit Zucchini zubereiten.

Austernpilz-Kartoffel-Gratin

800 g Kartoffeln
Salz
500 g Austernpilze
1 EL Butterschmalz
Salz
Pfeffer
250 ml Sahne
2 Eier
50 g geriebener Parmesankäse
1 Knoblauchzehe, ausgepresst
1 TL Thymian
Salz
Pfeffer
1 Bund Schnittlauch
Fett für die Form

Kartoffeln schälen, in Scheiben schneiden und in Salzwasser etwa 10 Minuten kochen, dann abgießen. Austernpilze waschen, in große Stücke schneiden und in Butterschmalz anbraten. Salzen und pfeffern. Sahne mit Eiern, Käse, Knoblauch, Salz, Pfeffer und Thymian verquirlen. Schnittlauch in Röllchen schneiden und unterrühren. Die Hälfte der Kartoffelscheiben in eine gefettete Auflaufform verteilen. Pilze darauf legen und mit den restlichen Kartoffelscheiben abdecken. Eiersahne darüber gießen und das Gratin im Backofen goldgelb backen.

Austernpilz-Spinat-Gratin

500 g Spinat
300 g Austernpilze
1 Zwiebel
1 – 2 Knoblauchzehen
2 EL Butter
Salz
100 g Frischkäse
50 g geriebener Parmesan
3 Eigelb
Öl
50 g Semmelbrösel
Butter

Den Spinat waschen und kurz blanchieren. Auf ein Sieb geben und gut ausdrücken und fein hacken. Die Pilze putzen und die harten Stielansätze entfernen. Pilze in Streifen schneiden. Die Zwiebel fein hacken. Knoblauch schälen und fein hacken.

Butter in einem Topf erhitzen und Zwiebeln und Knoblauch darin glasig dünsten. Die Pilze dazugeben und 3 Minuten mitdünsten. Den Spinat unterrühren und die Masse etwas abkühlen lassen. Mit Salz kräftig abschmecken.

Frischkäse, Parmesan und Eigelb hinzufügen und zu einer glatten Masse verrühren.

Eine flache Auflaufform mit Öl auspinseln und mit der Hälfte der Semmelbrösel ausstreuen. Die Pilz-Spinat-Masse in die Form füllen und glatt streichen. Butterflöckchen und die zweite Hälfte der Semmelbrösel darauf verteilen. Im vorgeheizten Backofen bei 180 Grad eine halbe Stunde backen, bis das Gratin schön gebräunt ist.

Heiß oder kalt servieren.

Grillen

Gegrillte Pilze

400 g Shiitake oder Austernpilze
Öl
Salz
Pfeffer
nach Belieben Zitronensaft oder gewürzte Butter

Vor allem die Pilzhüte lassen sich gut grillen. Einfach mit wenig Öl bepinseln und von beiden Seiten einige Minuten auf dem heißen Rost garen. Erst bei Tisch nach Belieben mit Salz, Pfeffer, Zitronensaft oder gewürzter Butter würzen und mit frischem Brot genießen.

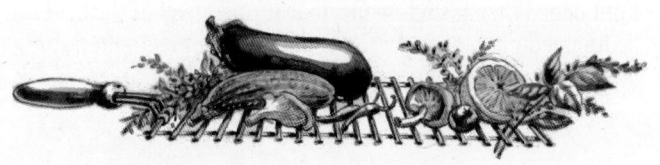

Shiitakepäckchen

300 g Shiitake
75 g Butter
1 TL Zitronensaft
1 Knoblauchzehe
Salz
frische Kräuter
1 Pck. Weinblätter, in Salzlake eingelegt
Zahnstocher

Die Shiitake putzen und in Scheiben schneiden. Die Butter weich rühren. Mit Zitronensaft, gepresstem Knoblauch, Salz und frischen Kräutern zu Kräuterbutter verarbeiten.

Die Weinblätter gut abtropfen lassen. Die Pilze darauf verteilen und die Kräuterbutter dazugeben. Die Blattränder zusammenklappen und mit einem Zahnstocher fixieren.

Die Päckchen auf dem nicht zu heißen Rost etwa 10 Minuten grillen.

Die Zahnstocher entfernen und die Pilzpäckchen auf Tellern anrichten.

Tipp: Wer keine in Salzlake eingelegte Weinblätter zur Hand hat, kann auch große Blätter wie vom Wirsing, Kohl oder Rhabarber verwenden. Die Blätter vorher gut waschen und abtrocknen. Rhabarberblätter sollten allerdings wegen ihres hohen Oxalsäuregehaltes nicht mitgegessen werden. Auch die Blätter von Kohl oder Wirsing sind unangemacht und angekokelt nicht unbedingt jedermanns Sache. Also besser auch nicht mitessen.

Gegrillte Spieße
Ergibt 2 Spieße pro Person, also insgesamt 8 Spieße

1 Aubergine
Salz
2 kleine Zucchini
300 – 400 g Pilze
16 eingelegte Peperoni (je nach Geschmack mild oder scharf)
8 Spieße zum Grillen aus Holz oder Metall
2 EL Zitronensaft
2 EL Olivenöl
2 Knoblauchzehen
Salz
Pfeffer

Die Aubergine waschen und würfeln, großzügig mit Salz bestreuen und 10 Minuten ziehen lassen. In einem Sieb unter fließendem Wasser das Salz wieder abspülen und die Würfel mit Küchenkrepp trockentupfen. Die Zucchini waschen und in etwa 1 Zentimeter dicke Scheiben schneiden. Die Pilze putzen und je nach Größe vierteln oder halbieren. Die Peperoni abtropfen lassen. Alles abwechselnd auf Spieße stecken.
Aus Zitronensaft, Öl und gepresstem Knoblauch eine Sauce rühren und mit Salz und Pfeffer abschmecken. Die Pilz-Gemüse-Spieße mit der Sauce bepinseln und auf dem heißen Rost etwa 10 Minuten grillen. Dabei mehrmals wenden.

Tipp: Dazu schmeckt frisches Baguette und Tomatenbutter. 100 g weiche Butter mit 2 EL Tomatenmark, Salz, Pfeffer und frischem, gehackten Basilikum anrühren und bis zum Servieren noch einmal kurz kühl stellen.

Austernpilzspieße in Ingwermarinade
Ergibt 2 Spieße pro Person, also insgesamt 8 Spieße

500 g Austernpilze
4 Knoblauchzehen
1 Stück Ingwer (etwa 3 cm lang)
1 EL Koriander
10 EL Sojasauce
2 EL Honig
2 EL trockener Sherry
8 EL Öl
8 Spieße zum Grillen aus Holz oder Metall

Die Austernpilze putzen und von den harten Stielansätzen befreien, je nach Größe halbieren oder vierteln. Den Knoblauch schälen und in feine Scheiben schneiden. Den Ingwer schälen und fein würfeln oder reiben. Den Koriander im Mörser grob zerdrücken.

Knoblauch, Ingwer und Koriander mischen und in eine kleine Kasserolle geben. Mit der Sojasauce und dem Honig verrühren und kurz erwärmen, damit sich alles gut mischt. Sherry und Öl unterrühren.

Die Austernpilze auf die Spieße verteilen. Die Spieße mit der Marinade übergießen und 2 – 3 Stunden durchziehen lassen. Das geht besonders gut in einem Behältnis mit Deckel, das man einfach immer mal »auf den Kopf« stellt. So verteilt sich die Marinade ganz gleichmäßig.

Die Spieße aus der Marinade nehmen und kurz abtropfen lassen. Auf dem heißen Rost etwa 10 Minuten grillen. Dabei mehrmals wenden.

Shiitakespieße Italia
Ergibt 2 Spieße pro Person, also insgesamt 8 Spieße

300 g Shiitake
16 Kirschtomaten
1 Mozzarella (à 200 g)
8 Spieße zum Grillen aus Holz oder Metall
1 Bund frisches Basilikum
2 EL Olivenöl
4 EL Zitronensaft
1 TL Salz
1 TL grober schwarzer Pfeffer

Die Shiitake putzen und in mundgerechte Stücke schneiden. Die Kirschtomaten halbieren. Den Mozzarella gut abtropfen lassen und in 16 Würfel schneiden. Das Basilikum waschen und die Blättchen abzupfen.

Die Mozzarellawürfel in die Basilikumblättchen einschlagen. Je nach Größe brauchen Sie dazu 2 – 3 Blätter. Diese werden dann so aufgesteckt, dass der Spieß die Blätter zusammenhält.

Immer abwechselnd Pilz, Tomate, Basilikum-Mozzarella-Päckchen, Tomate auf die Spieße stecken. Olivenöl, Zitronensaft, Salz und Pfeffer verrühren und die Spieße damit bepinseln. Auf dem heißen Rost grillen, bis der Mozzarella geschmolzen ist. Dabei mehrmals vorsichtig wenden und mit der Marinade bepinseln.

Tipp: Der Trick bei diesen Spießen besteht darin, dem Mozzarella durch die Basilikumblätter Halt zu geben. Wem das zu »fragil« ist, der kann die Zutaten auch ohne Spieß in einer feuerfesten Form zubereiten.

Brotaufstriche

Shiitakepaste mit Ei

250 g frische Shiitake
2 EL Butter
1 kleine Zwiebel
1 hart gekochtes Ei
4 EL Crème fraîche
½ Bund Petersilie
Pfeffer
Salz

Die Shiitake putzen und grob zerkleinern. In einer Pfanne die Butter erhitzen und die Pilze darin unter Rühren etwa 5 Minuten dünsten. Etwas abkühlen lassen. Die Zwiebel klein schneiden, das Ei pellen. Zusammen mit den Pilzen im Mixer pürieren. Die Crème fraîche unterziehen.
Die Petersilie waschen, trockenschleudern und die Blättchen fein schneiden. Unter die Masse rühren. Mit Salz und Pfeffer pikant abschmecken.

Tipp: Scheiben von Roggenbrot in Dreiecke schneiden, mit ein paar Tropfen Olivenöl beträufeln und kurz im heißen Backofen oder auf dem Grill rösten. Dick mit Shiitakepaste bestreichen und mit dünnen Gurkenscheiben und etwas Petersilie garnieren. Lecker!

Shiitakebutter

125 g Butter
1 kleine Zwiebel
100 g frische Shiitake
  (oder 4 getrocknete Pilze,
   einige Stunden mit wenig Wasser eingeweicht)
1 EL Petersilie
Zitronensaft
Salz

Die Butter weich rühren. Die Zwiebel fein hacken, die Pilze putzen und ebenfalls fein hacken, in etwas Butter andünsten, bis die gesamte Flüssigkeit verkocht ist. Etwas abkühlen lassen und mit der weichen Butter verrühren. Mit klein gehackter Petersilie, Zitronensaft und Salz abschmecken.

Austernpilz-Gemüse-Aufstrich

100 g Austernpilze
1 rote Paprika
5 Radieschen
1 Kohlrabi
100 g Cashewkerne
150 g Sonnenblumenkerne
Salz
½ Bund Basilikum

Die Austerpilze putzen, die harten Stielansätze entfernen und vierteln. Die Paprika waschen, halbieren, die Kerne entfernen. Die Radieschen waschen. Den Kohlrabi dünn schälen. Die Gemüse grob zerkleinern.

Die Cashewkerne und die Sonnenblumenkerne im Blitzhacker oder im Mixer zuerst zerkleinern. Danach das Gemüse und die Pilze pürieren. Mit Salz abschmecken. Zum Schluss das Basilikum waschen, klein schneiden und unter die Paste rühren.

Tipp: Dieser leckere Brotaufstrich passt besonders gut zu herzhaften Brotsorten. Die Paste im Kühlschrank aufbewahren und innerhalb weniger Tage verbrauchen.

Avocado-Shiitake-Aufstrich

1 Avocado
1 Schalotte
100 g Shiitake
Zitronensaft
Salz

Die Avocado halbieren und den Kern entfernen. Das Fruchtfleisch mit einem Löffel herauslösen und mit einer Gabel oder im Mixer zermusen. Die Schalotte und die Shiitake fein hacken und unter das Avocadomus rühren. Mit Zitronensaft und Salz abschmecken.

Tipp: Avocadomus nimmt an der Luft leicht eine unschöne braune Farbe an. Mit Zitronensaft kann dieser Vorgang zwar verlangsamt werden, trotzdem sollten Sie diesen Aufstrich möglichst am gleichen Tag verbrauchen.
Avocado-Shiitake-Aufstrich ist auch ein leckerer Dip. Beispielsweise mit Karotten und Bleichsellerie, oder auch mal mit Crackern.

Shiitakepaste Italia

100 g Shiitake
1 kleine Zwiebel
1 Knoblauchzehe
1 Tomate
1 EL Olivenöl
1 Kräutersträußchen (Rosmarin, Salbei, Lavendel, Thymian
o. Ä. mit Küchengarn zusammenbinden)
Salz
Pfeffer
3 EL Olivenöl

Die Shiitake putzen und sehr klein schneiden. Zwiebel und Knoblauch hacken. Die Tomate kurz in heißes Wasser tauchen, kalt abschrecken und die Haut abziehen. Die Kerne entfernen. Das Tomatenfleisch fein würfeln.

In einem Topf das Öl erhitzen. Pilze, Zwiebel und Knoblauch andünsten, die Tomatenwürfel und das Kräutersträußchen dazugeben. Mit Salz und Pfeffer würzen. Auf kleiner Hitze schmoren, bis die Flüssigkeit verdampft ist. Das Kräutersträußchen entfernen. Die restlichen festen Bestandteile im Mixer zu einer feinen Paste mixen, dabei das Öl zufließen lassen. Die Paste nochmals abschmecken.

Tipp: Die Paste kochendheiß in Twist-Off-Gläser füllen, mit etwas Olivenöl bedecken und sofort zuschrauben. So bleibt sie mindestens ein halbes Jahr haltbar.

Sie dient auch als Grundlage einer schnellen Pastasauce, als Grundaufstrich für Pizza oder Suppe. Eine gute Möglichkeit der Verwertung, wenn die Pilze mal wieder sprießen: vervielfachen Sie einfach das Rezept.

Wenn Sie es scharf mögen, kochen Sie eine Chilischote mit oder würzen Sie kräftig mit Tabasco.

Austernpilz-Brokkoli-Terrine

3 Schalotten
3 Knoblauchzehen
500 g Austernpilze
2 EL Butter
Salz
Pfeffer
Petersilie
500 g Brokkoli
Salz
100 g Crème fraîche
Zitronensaft
Salz
1 l Gemüsebrühe
1 EL Essig
4 TL Agar-Agar

Schalotten abziehen und fein hacken. Den Knoblauch schälen und durch die Presse drücken oder fein hacken. Die Austernpilze putzen, die harten Stielansätze entfernen und in etwa gleichmäßig breite Streifen schneiden.

Die Butter in einer Pfanne erhitzen und die Zwiebeln darin glasig dünsten. Den Knoblauch und die Austernpilzstreifen dazugeben. Braten, bis die Flüssigkeit verdampft ist. Mit Salz, Pfeffer und frischer Petersilie würzen. Abkühlen lassen.

Den Brokkoli putzen und in wenig Salzwasser blanchieren, bis er gerade bissfest ist. Abschütten und auf einem Sieb abkühlen lassen. Dann mit einem großen Messer grob hacken. Mit Crème fraîche verrühren und mit Zitronensaft und Salz abschmecken.

Die Gemüsebrühe mit Essig ansäuern. Das Agar-Agar mit etwas kaltem Wasser anrühren, in die Brühe geben und kurz aufkochen lassen. Etwas abkühlen lassen.

Eine schön geformte Schüssel oder Auflaufform mit kaltem Wasser ausspülen. Etwas von der Brühe hineingießen und erstarren lassen. Immer abwechselnd eine Schicht Brokkoli und eine Schicht Pilzmasse draufgeben, mit Brühe bedecken und erstarren lassen. Falls die Brühe in der Zwischenzeit zu dickflüssig werden sollte, noch einmal kurz aufwärmen. Die Terrine im Kühlschrank über Nacht auskühlen lassen.

Man kann sie direkt in der Form in Scheiben schneiden oder auf eine Platte gestürzt servieren. Dazu kurz heißes Wasser über die Form gießen, da sich das Aspik so schneller löst.

Tipp: Eine Terrine ist immer auch etwas fürs Auge. Servieren Sie sie zu einem festlichen Anlass, zum Beispiel zu einem Brunch oder einem kalten Buffet.

Shiitake-Tomaten-Aspik

200 g Shiitake
1 EL Butter
Salz
Pfeffer
2 Fleischtomaten
1 l Tomatensaft
Sojasauce
1 – 2 Knoblauchzehen
4 EL frische Kräuter (Oregano, Basilikum o. Ä.)
Salz
Pfeffer
4 TL Agar-Agar
Zitronensaft

Die Pilze putzen und in kleine Würfel schneiden. Die Butter in einer Pfanne erhitzen und die Pilze darin unter Rühren 5 Minuten braten. Mit Salz und Pfeffer würzen.

Die Tomaten kurz in kochendes Wasser tauchen, kalt abschrecken und die Haut abziehen. Tomaten würfeln. Den Tomatensaft mit den Tomatenwürfeln zum Kochen bringen. Mit Sojasauce, gepresstem Knoblauch, gehackten Kräutern, Salz und Pfeffer abschmecken.

Agar-Agar mit Zitronensaft anrühren, zum Tomatensaft geben und kurz aufkochen lassen. Die Pilzwürfel unterrühren.

Eine schön geformte Schüssel oder Auflaufform mit kaltem Wasser ausspülen. Ein Drittel des Tomatensaftes hineingießen und erstarren lassen. Bei dem restlichen Saft die Stücke nochmals gut aufrühren und wieder ein Drittel davon in die Schüssel geben und fest werden lassen. Das letzte Drittel ebenso. Falls der Saft in der Zwischenzeit zu dickflüssig werden sollte, noch einmal kurz aufwärmen. Die Terrine im Kühlschrank über Nacht auskühlen lassen.

Man kann sie direkt in der Form in Scheiben schneiden oder auf eine Platte gestürzt servieren. Dazu kurz heißes Wasser über die Form gießen, da sich das Aspik so schneller löst.

Tipp: Füllen Sie den Saft in kleine Puddingförmchen und lassen Sie ihn über Nacht im Kühlschrank erstarren. Auf Teller gestürzt und mit Shiitakewürfeln (etwa die Hälfte davon zurückhalten!) und frischen Kräutern garniert haben Sie eine tolle Vorspeise.

Hafer-Shiitake-Aufstrich

3 getrocknete Shiitake
100 g Hafer
1 EL Butter
¼ l Gemüsebrühe
½ Bund Petersilie
3 EL Öl
Salz
Pfeffer
Zitronensaft

Die Shiitake mit Wasser bedeckt einige Stunden einweichen lassen.

Den Hafer fein schroten. Butter in einer Pfanne erhitzen und den Hafer darin rösten, bis er zu duften beginnt. Die Brühe hinzufügen und unter Rühren zum Kochen bringen. Vom Herd nehmen und noch 10 Minuten quellen lassen.

Pilze und Petersilie fein hacken und unterrühren. Das Öl in einem feinen Strahl dazugeben und ebenfalls gut unterrühren.

Mit Salz, Pfeffer und Zitronensaft abschmecken.

Marinierte Zucchini und Austernpilze

500 g kleine Zucchini
500 g Austernpilze
Olivenöl zum Braten
2 Chilischoten
2 Lorbeerblätter
125 ml Olivenöl
Saft von 2 Zitronen
2 Knoblauchzehen
50 ml Wasser
Pfeffer

Die Zucchini in dünne Scheiben schneiden. Austernpilze putzen, die harten Stielansätze entfernen und in mundgerechte Stücke schneiden.
Jeweils 1 Esslöffel Öl in einer großen Pfanne erhitzen. Die Chilischoten und Lorbeerblätter dazugeben. Zucchini und Austernpilze darin portionsweise braten. In eine Schüssel geben.
Das Olivenöl, Zitronensaft, gepressten Knoblauch, Wasser und Pfeffer in die Pfanne geben und den Satz darin ablösen. Lauwarm über das Gemüse gießen und einige Stunden im Kühlschrank durchziehen lassen.
Auf einem großen Teller mit der Marinade anrichten.

Tipp: Marinierte Zucchini und Austernpilze mit frischem Brot reichen. Oder auch einmal als leckere Vorspeise.

Pilz-Tofu-Aufstrich

100 g frische Pilze
1 kleine Zwiebel
1 Knoblauchzehe
2 EL Öl
2 EL frische Kräuter
200 g Tofu
1 TL Kräutersalz

Die Pilze putzen, die Zwiebel fein hacken und die Knoblauchzehe pressen. In Öl andünsten, vom Herd nehmen und etwas abkühlen lassen. Die Kräuter waschen und fein hacken.
Den Tofu mit einer Gabel zerkrümeln und mit Kräutersalz würzen. Die Pilzmasse und die Kräuter dazugeben und gut unterrühren.

Aufbewahren, haltbar machen

Wenn der Pilzsegen sehr reichlich ausgefallen ist, kann man diesen Überschuss auf einfache Arten haltbar machen. Hier einige Vorschläge dazu:

Im Kühlschrank aufbewahren

Frische Pilze können im Kühlschrank einige Tage gelagert werden. Benutzen Sie dazu ein luftdurchlässiges Gefäß, niemals Plastikbeutel oder Dosen.

Fertige Pilzgerichte verderben aufgrund ihres hohen Wasser- und Eiweißgehalts schnell. Sie sollten maximal einen Tag im Kühlschrank aufbewahrt werden. Aufgewärmte Pilzgerichte sollten vor dem Verzehr gut durcherhitzt werden.

Pilze einfrieren

Alle Pilze (außer Pfifferlinge, die werden davon bitter) lassen sich problemlos einfrieren. Einfach die geputzten Pilze in Stücke oder Scheiben schneiden und in Gefrierbeutel oder -behälter füllen. Die Behälter verschließen und die Pilze möglichst schnell einfrieren (schockfrosten). Gefrorene Pilze sind zehn Monate ohne Qualitätsverlust haltbar. Voraussetzung aber ist immer, dass es sich um junge feste Exemplare handelt.

Die Pilze später im gefrorenen Zustand verwenden. Geben Sie sie in heißes Fett oder heiße Brühe, damit sich die äußeren Poren schnell schließen und die Pilze nicht so schlapp werden. Gerichte aus tiefgefrorenen Pilzen nicht wieder aufwärmen!

Getrocknete Pilze

Pilze sauber putzen und in Scheiben schneiden. Auf einen starken Bindfaden aufziehen und an einem schattigen, luftigen Ort zum Trocknen aufspannen.

Wer möchte, kann die Pilze auch im Backofen trocknen. Dazu einen oder mehrere Roste mit Küchenkrepp bedecken und die vorbereiteten Pilze in einer dünnen Lage darauf ausbreiten. Bei 50 °C trocknen. Pilze gelegentlich wenden.

Die Backofentür soll für das Trocknen einen Spalt breit offen sein, damit die Feuchtigkeit besser abziehen kann. Dafür einfach einen Kochlöffelstiel in die Tür klemmen. Wer über einen Dörrapparat verfügt, benutzt natürlich diesen zum Trocknen der Pilze.

Die Pilze sind fertig, wenn sie sich zwar trocken, aber noch elastisch anfühlen. Abkühlen lassen und in fest verschließbare Gläser (zum Beispiel Twist-Off) geben. In einem kühlen Raum aufbewahren.

Vor der Verwendung die getrockneten Pilze in der 3- bis 4fachen Menge Wasser mindestens 3 Stunden einweichen. Getrocknete Pilze eignen sich weniger für Pfannengerichte (etwas zäh), eher für Saucen oder Suppen.

Pilzpulver

Trocknen Sie die Pilze zum Beispiel im Backofen so lange, bis sie sich ganz fest und trocken anfühlen. Sie sollten sich nicht mehr elastisch, sondern hart und spröde anfühlen. Im Mörser, einem Kräutermixer oder einer Getreidemühle zu feinem Pulver vermahlen. Oder Sie packen die Pilze in eine Plastiktüte und wälzen das Nudelholz so lange drüber, bis die Pilze pulverisiert sind. Pilzpulver kann als Würze für Suppen und Saucen direkt eingestreut werden. Deshalb auch am besten in Gewürzgläschen aufbewahren.

Bei richtiger Lagerung ist Pilzpulver fast unbeschränkt haltbar.
Eine tolle Verwendung für Pilzpulver ist Pilzöl. Dafür 5 EL Pilzpulver mit ½ l Olivenöl mischen. Wer's mag, kann noch Kräuter oder Gewürze hinzufügen. An einem dunklen Ort zwei Wochen stehen lassen, ab und zu gut schütteln. Das Öl durch ein sehr feines Sieb abschütten. In einer extravaganten Flasche auch schön als Geschenk.

Pilze in Öl

Pilze
½ l Weißweinessig
½ l Weißwein
2 Lorbeerblätter
4 Wacholderbeeren
1 EL schwarze Pfefferkörner
frische Kräuter
Knoblauchzehen, nach Belieben
2 EL Salz
Olivenöl
Sonnenblumenöl

Pilze putzen, kleine Pilze ganz lassen, größere halbieren, vierteln oder in Scheiben schneiden. Wichtig ist, dass nur junge, einwandfreie Pilze verwendet werden.

Weißweinessig, Wein, Gewürzen, Kräutern, Knoblauch und Salz zusammen aufkochen. Die Pilze dazugeben und das Ganze auf kleinem Feuer drei Minuten köcheln lassen. Die Pilze auf einem Sieb gut abtropfen und auskühlen lassen. Dabei die Pilze nicht mit den Händen berühren.

Die Pilze in sehr saubere Twist-Off-Gläser füllen und nach Belieben Stängel von frischen Kräutern, Pfefferkörner oder geviertelte Knoblauchzehen (alles vorher mitgekocht) dazugeben. Olivenöl entweder pur oder 1:1 mit Sonnenblumenöl gemischt über die Pilze geben, so dass alles gut bedeckt ist. Die Gläser schließen und kühl und dunkel aufbewahren.

Wurde sauber gearbeitet, sind die Pilze ca. sechs Monate haltbar.

Pilze in Essig einlegen

pro 500 g Pilze:
¾ l Wasser
2 EL Salz
frische Kräuter
1 EL Pfefferkörner
nach Belieben Chilischoten oder Senfkörner
1 Knoblauchzehe
1 kleine Zwiebel
Weißweinessig

Pilze putzen, kleine Pilze ganz lassen, größere halbieren, vierteln oder in Scheiben schneiden. Wichtig ist, dass nur junge, einwandfreie Pilze verwendet werden.

Wasser, Salz, Kräuter, Gewürze und die geviertelte Zwiebel zusammen aufkochen. Die Pilze dazugeben und das Ganze auf kleinem Feuer 3 Minuten köcheln lassen. Die Pilze auf einem Sieb gut abtropfen und auskühlen lassen. Dabei die Pilze nicht mit den Händen berühren.

Pilze in Twist-Off-Gläser füllen, gut mit Essig bedecken, Gläser schließen.

Bei dieser Konservierungsart büßen die Pilze leider viel von ihrem Eigengeschmack, andererseits behalten sie aber ihre Knackigkeit und ihr Aussehen. Die Gläser kühl und dunkel lagern. Wurde sauber gearbeitet, sind die Pilze mindestens sechs Monate haltbar.

Pilze in Essig als Beilage zu Brot oder in kleinen Mengen Salaten oder Saucen zugeben.

Bezugsquellen und Internethinweise

Anbieter von Impfdübeln

Dipl.-Ing. Nicola Krämer
Am Plessenfelde 13
30659 Hannover
www.shii-take.de
Tel./Fax: 05 11/6 49 87 18 oder
Tel.: 05 11/71 70 54

Treibhaus
Frankfurter Str. 153
34121 Kassel
Tel.: 05 61/2 43 05
Fax: 05 61/28 59 12
www.treibhaus.de oder www.pilze.org

MykoMax GmbH,
Glockenspitz 111
47800 Krefeld
Tel.: 0 21 51/55 76 36
Fax: 0 21 51/55 76 86
www.mykomax.de

Anbieter von geimpften Hölzern

Mykoholzservice Thumser
Gottfried Thumser
Krötenbachgrund 26
07937 Zeulenroda
Tel.: 03 66 28/6 24 83
www.thumseronline.de

Informationen über Pilze

Tintling – Die Pilzzeitung
Verlag und Redaktion
Karin Montag
Lebacher Str. 3
66839 Schmelz
Tel.: 0 68 81/91 4 48
Fax: 0 68 81/91 4 49
Fachzeitschrift für Pilzliebhaber
www.tintling.com

Deutsche Gesellschaft für Mykologie e.V.
www.dgfm-ev.de
hier gibt es auch ein Pilzforum zum informellen Austausch

www.pilzepilze.de
vieles zum Thema Pilzkunde

Pilzkundliche Seminare

Pilzzentrum
Werderstraße 17
78132 Hornberg
Tel.: 0 78 33 / 63 00
Fax: 0 78 33 / 83 70
Email: info@pilzzentrum.de
http://www.pilzzentrum.de.
Die älteste, einzigartige Schule für Pilzkunde und Naturschutz
bietet pilzkundliche Seminare an.

Die Autorinnen

Jutta Grimm, Jahrgang 1962, Mutter von vier Kindern, studierte in Trier Haushalts- und Ernährungstechnik. Die Erfahrungen aus ihrem Studium und ihr Interesse an einer gesunden und ökologischen Ernährung brachten sie 1986 zum pala-verlag, in dem 1987 ihr erstes Buch »Brotaufstriche selbst gemacht« erschien. Außerdem sind von ihr im pala-verlag erschienen: »Vegetarisch grillen«, »Vollwert-Naschereien« und »Vollwert-Muffins«.

Nicola Krämer, Jahrgang 1965, beschäftigt sich schon seit einigen Jahren mit dem Anbau von holzbewohnenden Speisepilzen und experimentiert gern im Garten. Außerdem schreibt sie Garten- und Reiseartikel und arbeitet freiberuflich als Landschaftsarchitektin im Bereich der Umweltplanung.

Rezeptindex

Vollwert-Bücher mit Cartoons von Renate Alf

Klaus Weber:
Das Buch vom guten Pfannkuchen
ISBN: 3-89566-151-1

Irmela Erckenbrecht: **Zucchini**
ISBN: 3-89566-131-7

Petra und Joachim Skibbe:
Köstliche Kürbis-Küche
ISBN: 3-89566-150-3

Jutta Grimm:
Vegetarisch grillen
ISBN: 3-89566-140-6

Köstliches aus dem Garten der Natur

Heide Haßkerl:
Schätze aus dem Bauerngarten
ISBN: 3-89566-174-0

Heide Haßkerl: **Holunder, Dost
und Gänseblümchen**
ISBN: 3-89566-149-X

Irmela Erckenbrecht:
Querbeet
ISBN: 3-89566-163-5

Jutta Greve:
Vegetarisches aus Omas Küche
ISBN: 3-89566-168-6

Vegetarisches aus aller Welt

Yashoda Aithal:
Vegetarisch kochen – indisch
ISBN: 3-89566-153-8

Angelika Krüger:
Vegetarisch kochen – international
ISBN: 3-89566-117-1

Gertrud Dimachki:
Vegetarisches aus 1001 Nacht
ISBN: 3-89566-169-4

Petra und Joachim Skibbe:
Toskana – vegetarisch genießen
ISBN: 3-89566-156-2

Gesamtverzeichnis bei: pala-verlag
Postfach 11 11 22, 64226 Darmstadt, www.pala-verlag.de

ISBN: 3-89566-184-8
© 2002: pala-verlag,
Rheinstr. 37, 64283 Darmstadt
www.pala-verlag.de
Alle Rechte vorbehalten
Innen- und Umschlagillustrationen: Margret Schneevoigt
Lektorat: Barbara Reis, Wolfgang Hertling
Druck: freiburger graphische betriebe
www.fgb.de
Dieses Buch ist auf Papier aus 100 % Recyclingmaterial gedruckt.